GRAMÁTICA INGLESA PARA OPOSITORES
VINCIS CENTRO DE ESTUDIOS

VINCIS. CENTRO DE ESTUDIOS
ANTONIO DANIEL AFONSO CUADRO

COPYRIGHT ©.

EL CONTENIDO DE ESTA OBRA ESTÁ PROTEGIDA POR LA LEY, QUE ESTABLECE PENAS DE PRISIÓN Y/O MULTA, ADEMÁS DE LAS CORRESPONDIENTES INDEMNIZACIONES POR LOS DAÑOS Y PERJUICIOS, PARA QUIENES REPRODUZCAN, PLAGIEN, DISTRIBUYAN, O COMUNIQUEN PÚBLICAMENTE EN TODO O EN PARTE, UNA OBRA LITERARÍA, ARTÍSTICA O CIENTÍFICA, O SU TRANSFORAMCIÓN, INTERPRETACIÓN, O EJECUCIÓN ARTÍSTICA FIJADA EN CUALQUIER TIPO DE SOPORTE O COMUNICADA, A TRAVÉS DE CUALQUIER MEDIO SIN LA PRECEPTIVA AUTORIZACIÓN.

PRESENTACIÓN

Gramática Inglesa para Opositores, no tiene más pretensiones que la de servir como guía básica en el aprendizaje de la gramática esencial que nos permitirá afrontar el examen del concurso oposición para el ingreso en los Centros Docentes y su acceso a la escala de Cabos y Guardias de la Guardia Civil con los conocimientos adecuados.

Este libro está organizado en 45 unidades que se podrán consultar en el índice general que se encuentra a continuación; éstas abordan los fundamentos esenciales requeridos para el mínimo establecido.

Significando que, para neófitos, las cinco primeras unidades, por su importancia, sustentan la base de la pirámide del resto de temas.

Se ha intentado elaborar un libro completo, de fácil lectura, y organizado para facilitar al alumno su aprendizaje.

La mayoría de las unidades en sí son, por decirlo de alguna manera, estanco, permiten su estudio de forma independiente con arreglo a las diferentes necesidades que pueda tener el estudiante; no siendo obligatorio seguir, por lo tanto, un orden estricto en su estudio.

Esta estanqueidad nos permite incorporarnos al Curso y/o su estudio en cualquier momento.

No obstante, el alumno, deberá ajustar su estudio a su propio nivel de conocimientos, ahondando en aquellas unidades de las que precise un mayor aprendizaje.

Para consolidar los conocimientos adquiridos, se incluye como "Anexo II" un grupo de Test que servirán de modelo.

ÍNDICE DE UNIDADES

TIEMPOS VERBALES

1 EL VERBO «TO BE». PAGE. 11
   1.1. ESTRUCTURA. (ESQUEMA 1.1.)
   IT. PRONOMBRE PERSONAL.
   CONJUGACIÓN. LA **NEGATIVA** E **INTERROGATIVA.** PAGE. 12
   1.2. EL **IMPERATIVO** PAGE. 13

2 EL PRESENTE SIMPLE_ PRESENT SIMPLE. PAGE. 15
   2.1. ESTRUCTURA
   2.2. **EL VERBO «TO DO».** (**DO AND DOES**)
   2.3. CONJUGACIÓN EN 3ª PERSONA SINGULAR.
   2.4. **ADVERBIOS DE FRECUENCIA.** PAGE. 16
      HOW OFTEN SOMEONE DO SOMETHING?

3 EL PRESENTE CONTINUO_PRESENT CONTINUOUS. PAGE. 17
   3.1. ESTRUCTURA. INTRODUCCIÓN AL **GERUNDIO**.
   3.2. CONSTRUCCIÓN DEL GERUNDIO. PAGE. 18
   3.3. USOS DEL PRESENTE CONTINUO PAGE. 19
   3.4. PRESENT SIMPLE **vs** PRESENT CONTINUOUS PAGE. 20
     PRESENT SIMPLE (I AM DOING SOMETHING AND I DO SOMETHING).
     I ALWAYS DO **vs** I AM ALWAYS DOING.
     I AM **vs** I AM BEING.
     I THINK **vs** I´M THINKING ABOUT/ OF.

4 EL PASADO SIMPLE_PAST SIMPLE (DID) PAGE. 21
   4.1. ESTRUCTURA
   LA NEGATIVA E INTERROGATIVA (AUXILIAR **DID**)
   4.2. VERBOS. **REGULARES E IRREGULARES** PAGE. 22
   WHEN?   WHAT TIME?
   4.3. MARCADORES **TEMPORALES**.

5 EL PASADO CONTINUO_PAST CONTINUOUS. (WAS OR WERE DOING) PAGE. 23
   5.1. ESTRUCTURA
   LA NEGATIVA E INTERROGATIVA.
   PAST SIMPLE **vs** PAST CONTINUOUS PAGE. 24
   5.5. ACCIONES SIMULTÁNEAS EN EL PASADO_**WHILE**.
   5.3. ALGO OCURRE EN EL TRANSCURSO DE OTRA ACCIÓN. _**WHEN**.

TIEMPOS DE PRESENTE Y DE PASADO PERFECTO

6 EL PRESENTE PERFECTO_PRESENT PERFECT (I HAVE DONE) PAGE. 25
   6.1. ESTRUCTURA
   LA NEGATIVA E INTERROGATIVA.
   HOW MANY TIMES?   **HAVE YOU EVER**?
   6.2. USOS DEL PRESENT PERFECT. PAGE. 26
   6.3. **JUST vs ALREADY vs YET vs STILL**. PAGE. 27
   6.4. **SINCE vs FOR**. PAGE. 28
   BEEN **vs** GONE.

7 **EL PRESENTE PERFECTO CONTINUO**_PRESENT PERFECT CONTINUOUS   PAGE. 29
(I HAVE BEEN DOING)
  7.1. ESTRUCTURA
  LA NEGATIVA E INTERROGATIVA.
  7.2. **HOW LONG**?
  7.3. TO WORK AND TO LIVE   PAGE. 30
  7.4. PRESENT PERFECT **vs** PRESENT PERFECT CONTINUOUS.

8 **EL PASADO PERFECTO**_PAST PERFECT (I HAD DONE)   PAGE. 31
  8.1. ESTRUCTURA
  LA NEGATIVA E INTERROGATIVA.
  8.2. USO EN EL CONDICIONAL TIPO III.

9 **EL PASADO PERFECTO CONTINUO**_ PAST PERFECT CONTINUOUS   PAGE. 33
(I HAD BEEN DOING)
  9.1. ESTRUCTURA
  LA NEGATIVA E INTERROGATIVA.
  9.2. OTROS USOS.
  9.3. PAST PERFECT **vs** PAST PERFECT CONTINUOUS.

10 **EL FUTURO SIMPLE**_THE SIMPLE FUTURE.   PAGE. 35
  10.1. ESTRUCTURA.WILL AND SHALL
  LA NEGATIVA E INTERROGATIVA.
  10.2. SITUACIONES EN LAS QUE UTILIZARÍAMOS EL FUTURO SIMPLE
  10.3. EXPRESIONES.   PAGE. 36
  10.4. SIMPLE FUTURE **vs** PRESENT CONTINUOUS.   PAGE. 37

11 **I'M GOING TO (DO SOMETHING)**   PAGE. 39
12 **EL FUTURO CONTINUO_WILL BE DOING**   PAGE. 41
13 **EL FUTURO PERFECTO_WILL HAVE DONE**   PAGE. 43
14 **EL FUTURO PERFECTO CONTINUO_WILL HAVE BEEN DOING**   PAGE. 45

LOS MODALES_MODALS

15   **MODALES_ESTRUCTURA**   PAGE. 47
  15.1. CAN OR TO BE ABLE TO.
  15.2. MIGHT AND MAY.
  15.3. MUST   PAGE. 48
  15.4. SHOULD OR OUGTH TO
  15.5. HAVE TO   PAGE. 49
  15.6. NEED TO
  15.7. HAD TO   PAGE. 50
  15.8. COULD
  15.8. WAS O WERE ABLE TO   PAGE. 51
  15.9. WOULD O WOULD HAVE

16. **VERBOS AUXILIARES – LA INTERROGATIVA.**   PAGE. 53
  16.1. **QUESTIONS**_ LA INVERSIÓN.
  16.2. LA INTERROGATIVA NEGATIVA.
  16.3. PRONOMBRES INTERROGATIVOS.   PAGE. 54
  WHAT? WHO? WHICH? WHERE?

    16.4. **QUESTIONS II.**   **PAGE. 54**
    (**DO YOU KNOW WHERE… / HE ASKED ME WHERE …**)

    16.5. PREPOSICIONES_ POSICIÓN.
    16.6. **HOW**i vs **WHAT**i   **PAGE. 55**

LA VOZ PASIVA   **PAGE. 57**
17   PASSIVE 1 (**BE DONE/ IS** OR **ARE DONE**)
       PASSIVE 2 (**WILL BE DONE/ WAS** OR **WERE DONE /**   **PAGE. 58**
       WAS OR **WERE BEING DONE**)
       PASSIVE 3 (**HAS** OR **HAVE BEEN DONE/ HAD BEEN DONE**)   **PAGE. 59**

18   **REPORTED SPEECH** (**HE SAID THAT** …)   **PAGE. 61/ 63**
       CONVERSIÓN TIEMPOS VERBALES.
       DIRECT QUESTION   **PAGE. 64**
       REQUESTS
       ORDERS   **PAGE. 65**
       MARCACIONES TEMPORALES

I USED TO
19   **I USED TO**   **PAGE. 67**
       19.1. ESTRUCTURA
       LA NEGATIVA E INTERROGATIVA
       19.2. **TO BE USED TO** (SOMETHING OR DOING SOMETHING)   **PAGE. 68**
             GET USED TO
       19.3. **TO USE**_USAR.

20   **QUESTION TAGS** (**DO YOU? ISN'T IT? ETC**.)   **PAGE. 69**
       20.1. ESTRUCTURA.
       20.2. EXCEPCIONES   **PAGE. 71**
       20.3. DEMOSTRATIVOS   **PAGE. 72**
       20.4. PRONOMBRES INDEFINIDOS

21   **TOO – SO** DO I / **EITHER – NEITHER** DO I.   **PAGE. 73**
    I THINK SO, I GUESS SO, I HOPE NOT…   **PAGE. 74**
          I THINK SO AND I DON´T THINK SO.
          I HOPE SO AND I HOPE NOT.
          I GUESS SO AND I GUESS NOT.

EL GERUNDIO.
22   VERBO + -ING (ENJOY DOING / STOP DOING ETC.)
       22.1. EL GERUNDIO_SUJETO DE LA ORACIÓN.   **PAGE. 75**
       22.2. DESPUÉS DE PREPOSICIÓN – EXCEPCIONES.
       22.3. LISTADO VERBOS SEGUIDOS DEL GERUNDIO.   **PAGE. 76**

23   **EL INFINITIVO**   **PAGE. 77**
       23.1. INFINITIVO SIN TO.
       23.2. INFINITIVO CON TO.
       23.3. LISTADO DE VERBOS SEGUIDOS DEL INFINITIVO.
       23.4. EL INFINITIVO Y LOS ADJETIVOS   **PAGE. 78**
       23.5. USO INDISTINTO DEL GERUNDIO E INFINITIVO

VINCIS. CENTRO DE ESTUDIOS

EL SUSTANTIVO.

24 **EL SUSTANTIVO_INTRODUCCIÓN**. — PAGE. 79
CONSTRUCCIÓN Y ORTOGRAFÍA.
- 24.2. SUSTANTIVOS DE PLURAL — PAGE. 80
- 24.3. SUSTANTIVOS DERIVADOS **ER**
- 24.4. SUSTANTIVOS DERIVADOS **ING**

24.5. EL SUSTANTIVO. **CONTABLE E INCONTABLE**. — PAGE. 81

ADJETIVOS DEMOSTRATIVOS.

25 **DEMOSTRATTIVOS**. — PAGE. 83
THIS/ THAT/ THESE/ THOSE.
- 25.1. PRESENTACIONES
- 25.2. **THIS AND THAT_ ON THE PHONE** — PAGE. 84
- 25.3. ALUCIONES A PERSONAS
LIKE **THIS** / LIKE **THAT**

CUANTIFICADORES.

26. **LOS CUANTIFICADORES**. — PAGE. 85
- 26.1. **MANY**/ HOW MANY?
- 26.2. **MUCH**/ HOW MUCH?
- 26.3. A **LOT OF**/ LOTS OF/ A LOT. — PAGE. 86
- 26.4. **PLENTY**/ PLENTY OF.
- 26.5. FEW/ LITTLE. — PAGE. 87
- 26.6. **BOTH / EITHER / NEITHER**. — PAGE. 88/ 89
- 26.7. **EVERY/ ALL/ WHOLE**. — PAGE. 90/ 91

27 **LOS ARTÍCULOS**
- 27.1. DETERMINADO — PAGE. 93
- 27.2. INDETERMINADO — PAGE. 97

28 **THERE**
THERE (IS, ARE, WAS, WERE, HAS BEEN...) — PAGE. 99/ 100

EL POSESIVO

29. **ADJETIVOS Y PRONOMBRES POSESIVOS.** — PAGE. 101
- 29.1. ADJETIVOS
- 29.2. PRONOMBRES
- 29.3. A FRIEND OF
- 29.4. WHOSE? — PAGE. 102
- 29.5. EL **GENETIVO SAJÓN**. — PAGE. 103
  USO DE LA PREPOSICIÓN **OF** — PAGE. 104

30 LOS **DETERMINANTES.** — PAGE. 107/ 108
SOME AND **ANY**
NO AND **NONE**. — PAGE. 109

30 LOS **PRONOMBRES INDEFINIDOS**. — PAGE. 111
- 31.1. DERIVADOS DE **SOME**
- 31.2. DERIVADOS DE **ANY** — PAGE. 112
- 31.3. DERIVADOS DE **EVERY**
  EVERYTHING/ SOMEBODY/ ANYWHERE, ETC.
- 31.4. USO DE LOS PRONOMBRES PERSONALES. — PAGE. 113
- 31.5. EL PRONOMBRE INDEFINIDO **ELSE**.

32 LOS **PRONOMBRES REFLEXIVOS**.   PAGE. 115
    32.1. ALONE
    32.2. LONELY
    32.3. BY MYSELF/ YOURSELF/THEMSELVES ETC.   PAGE. 116
    32.4. ON MY OWN
    32.5. EACH OTHER

LOS ADJETIVOS   PAGE. 117
33. ADJETIVOS.
    POSICIÓN, ORDEN Y TIPOLOGÍA.
    33.2. ADJETIVOS. ADJECTIVES ENDING IN -ING AND -ED   PAGE. 118
    (BORING/BORED ETC.)
    33.3. **SO   SUCH**
    33.4. **ENOUGHT TOO**   PAGE. 119

LOS ADVERBIOS   PAGE. 121
34. LOS ADVERBIOS.
    CONSTRUCCIÓN, EXCEPCIONES.
    34.1. FALSE FRIENDS.
    34.2. GOOD WELL.   PAGE. 122

EL COMPARATIVO. (CHEAPER, MORE EXPENSIVE ETC.)   PAGE. 123
    35.2. COMPARATIVOS IRREGULARES   PAGE. 124
    35.3. LA CONJUNCIÓN **THAN**
    35.4. **MORE** THAN   -   **LESS** THAN
        A **BIT MORE**   -   **MUCH MORE**
    35.5. **AS** ADJETIVO **AS**   PAGE. 125
    35.6. **EL DOBLE COMPARATIVO.**   PAGE. 127

EL SUPERLATIVO. (CHEAPEST, THE MOST EXPENSIVE ETC.)   PAGE. 128
35B). EL SUPERLATIVO.
    CONSTRUCCIÓN, EXCEPCIONES   PAGE. 129

RELATIVE CLAUSES

FRASES Y PRONOMBRES DE RELATIVO.   PAGE. 131/ 132
36. PRONOMBRES INTERROGATIVOS.
    THAT/ WHO/ WHOM/ WHOSE/ AND **WHICH**.
    36.1. ORACIONES SUBORDINADAS ESPECIFICATIVAS.   PAGE. 133
    36.2. ORACIONES SUBORDINADAS EXPLICATIVAS.   PAGE. 135
    WHY? **WHEN**? **WHERE**?

LOS CONDICIONALES.   PAGE. 137
37.   CONDICIONAL TIPO 0 (**IF YOU HEATS**...)
    CONDICIONAL TIPO I   (**IF YOU STUDY...YOU WILL...**)
    CONDICIONAL TIPO II (**IF I WERE.... I WOULD**)
    CONDICIONAL TIPO III   PAGE. 138
    (**IF I HAD KNOW .... I WOULD HAVE....**)
    UNLESS   PAGE. 139

LAS PREPOSICIONES DE TIEMPO.
38. **TIME. HORA.** PAGE. 141
   AT / ON / IN.
   FROM TO/ FROM UNTIL/ SINCE y FOR. PAGE. 142
   AT THE END   IN THE END.
   ON TIME   IN TIME.
   BEFORE/ AFTER/ DURING/ WHILE.

39. 39A. **LOCATION. UBICACIÓN.** PAGE. 143/ 145
   IN / AT / ON
   39B. **LOCATION. LUGAR.** PAGE. 146/ 147
   IN FRONT OF/ OPPOSITE/ BEHIND.
   UNDER/ ABOVE/ BELOW.
   NEXT TO/ BY/ BESIDE.
   BETWEEN/ AMONG/ AROUND.
   39C. **LOCATION. DIRECCIÓN.** PAGE. 148
   ACROSS/ AROUND/ OVER.
   ALONG/ PAST/ THROUGH.
   39D. **OTRAS PREPOSICIONES. LIKE VS AS.** PAGE. 149/ 150

LOS CONECTORES.
40. LAS CONJUNCIONES PAGE. 151
   COPULATIVOS **AND**
   ADVERSATIVOS **BUT/ HOWEVER/ INSTEAD/**
   DISYUNTIVOS **OR**
   FUNCIONALES **SO** AN SO **THAT** PAGE. 152
   SUBORDINADOS **IN ORDER TO**
   CONCESIVOS **ALTHOUGH/ IN SPITE OF/ DESPITE.**
   CAUSALES PAGE. 153
   BECAUSE/ BECAUSE OF/ DUE TO
   THE CAUSE OF/ IN CASE/ IN CASE OF.

VERBOS
41. TO **GO** (**TO- ON – IN- FOR - ING**) PAGE. 155/ 157
   41.2. TO **ARRIVE** PAGE. 158
42. TO **GET** PAGE. 159/ 160
43. **DO** vs **MAKE**. PAGE. 161/ 162
44. TO **HAVE** OR **HAVE GOT**. PAGE. 163/ 164

PHRASAL VERBS. PAGE. 165
50. DEFINICIÓN.

ANEXO 1	LISTADO VERBOS IRREGULARES
ANEXO 2	TESTS

 **UNIT 1   EL VERBO «TO BE»**

ES UNO DE LOS VERBOS QUE MÁS SE USA EN INGLÉS, DE AHÍ SU IMPORTANCIA A LA HORA DE SABER BIEN, CÓMO CONJUGARLO.
CUANDO HACE FUNCIÓN DE **VERBO AUXILIAR**, NOS PERMITIRÁ LA CONSTRUCCIÓN DE TIEMPOS VERBALES MÁS COMPLEJOS.

1.1. ESTRUCTURA   SUJETO + «TO BE» + COMPLEMENTO DE LA FRASE

EN EL PRESENTE **SE CONJUGA DE FORMA DIFERENTE DEPENDIENDO DEL SUJETO DE LA ORACIÓN**, TAL Y COMO VEREMOS A CONTINUACIÓN EN EL ESQUEMA 1.1.

EN LA PRIMERA COLUMNA PODEMOS OBSERVAR LOS **PRONOMBRES PERSONALES CON FUNCION SUJETO**, EN CONSONANCIA CON GÉNERO Y NÚMERO.

LA AFIRMATIVA			NEGATIVA			FORMA CONTRAIDA		
I	AM	I´M	I	AM	NOT	I´M NOT		
HE	IS	HE´S	HE			HE´S NOT		HE ISN´T
SHE	IS	SHE´S	SHE	IS	NOT	SHE´S NOT		SHE ISN´T
IT	IS	IT´S	IT			IT´S NOT	OR	IT ISN´T
WE	ARE	WE´RE	WE			WE´RE NOT		WE AREN´T
YOU	ARE	YOU´RE	YOU	ARE	NOT	YOU´RE NOT		YOU AREN´T
THEY	ARE	THEY´ARE	THEY			THEY´RE NOT		THEY AREN´T

 **VERBO «TO BE». CONJUGACIÓN.**

PRESENTE
AM/ IS/ARE

☐ **I AM** really tired this morning.
ESTOY REALMENTE CANSADO ESTA MAÑANA.
☐ Elisa **IS** a good optician.
ELISA **ES** UNA BUENA OCULISTA.
☐ My neighbours **ARE** very kind.
MIS VECINOS **SON** MUY AMABLES.

SUJETO. LA FUNCIÓN SUJETO, LA PUEDEN EJERCER LOS PRONOMBRES, SUSTANTIVOS, NOMBRES PROPIOS, GERUNDIOS, ETC

PASADO
WAS/ WERE

PARTICIPIO
PASADO
BEEN

El PASADO Y PARTICIPIO PASADO LO VEREMOS MÁS ADELANTE.

☐ They **WERE** old friends, a long time ago.
ELLOS FUERON VIEJOS AMIGOS HACE MUCHO TIEMPO.
☐ The motorbike **WAS** fixed in time.
LA MOTOCICLETA **ESTUVO** ARREGLADA A TIEMPO.

☐ My parents have **BEEN** in France this year.
MIS PADRES **HAN ESTADO** EN FRANCIA ESTE AÑO.

 EL PRONOMBRE PERSONAL «IT»

ESTE PRONOMBRE DE GÉNERO NEUTRO HACE REFERENCIA A **COSAS**, **ANIMALES** DE LOS QUE DESCONOZCAMOS SU SEXO, O EN REFERENCIA AL **TIEMPO** (METEREOLÓGICO O CALENDARIO).

☐ What time **IS IT?**
¿QUÉ HORA **ES**?
☐ **IT WAS** ten o´clock in the morning.
ERAN LAS DIEZ DE LA MAÑANA.
☐ **IT IS** very cold at this time of year
HACE MUCHO FRIO EN ESTA ÉPOCA DEL AÑO.

OMISIÓN DEL PRONOMBRE PERSONAL

 EN INGLÉS NO CABE LA OMISIÓN DE LOS PRONOMBRES PERSONALES CON FUNCIÓN SUJETO, **SALVO EN EL CASO DEL IMPERATIVO**, QUE VAMOS A VER A CONTINUACIÓN, EN EL APARTADO 1.2.

- **My pupils** are ill; **THEY ARE** admitted to the regional hospital, in Riotinto.
  MIS ALUMNOS ESTÁN ENFERMOS; ESTÁN INGRESADOS EN EL COMARCAL, EN RIOTINTO.

- The children are ill; ~~ARE IN BED~~.

LA NEGATIVA

 «NOT»

 COMO NORMA GENERAL **PARA LA CONSTRUCCIÓN DE LA NEGATIVA EN INGLÉS, AGREGAREMOS LA PARTÍCULA «NOT» AL VERBO AUXILIAR**, PUDIENDO OPTAR POR LA OPCIÓN CONTRAÍDA QUE PUDIMOS VER EN EL ESQUEMA ANTERIOR.

- The weather **IS NOT** nice at the moment.
  EL CLIMA NO ES AGRADABLE EN ESTE MOMENTO.

- My children **AREN´T** very happy lately.
  MIS HIJOS NO ESTÁN MUY FELICES ULTIMAMENTE.

- My friends **WEREN'T** very popular in high school.
  MIS AMIGOS NO FUERON MUY POPULARES EN EL INSTITUTO

LA INTERROGATIVA.

 «LA INVERSIÓN»

 PARA LA CONSTRUCCIÓN DE LA INTERROGATIVA **ANTEPONDREMOS EL VERBO AUXILIAR, EN ESTE CASO, EL VERBO «TO BE», AL SUJETO DE LA ORACIÓN**; ESTA **INVERSIÓN** EN LA POSICIÓN DE AMBOS, **RESULTARÁ FUNDAMENTAL PARA SU CONSTRUCCIÓN EN LA PRÁCTICA TOTALIDAD DE TIEMPOS VERBALES**, EN LA QUE INTERVENDRÁ EL RESTO DE VERBOS AUXILIARES QUE IREMOS VIENDO A LO LARGO DEL CURSO.

- **ARE YOU** a smart worker?
  ¿ERES UN TRABAJADOR INTELIGENTE?

- **WERE YOUR PARENTS** in Europe last month?
  ¿ESTUVIERON TUS PADRES EN EUROPA EL MES PASADO?

> **INVERSIÓN.** OBSERVAD EL CAMBIO DE POSICIÓN DEL VERBO "TO BE" CON RESPECTO AL SUJETO.

EL VERBO AUXILIAR «WILL», LO VEREMOS MÁS ADELANTE CUANDO VEAMOS LA CONSTRUCCIÓN DEL FUTURO SIMPLE.

- **WILL HELEN BE** in New York by that date?
  ¿ESTARÁ HELEN EN NUEVA YORK PARA ESA FECHA?

UNIT 1.2 — EL IMPERATIVO

> EL **IMPERATIVO** ES UNA ESTRUCTURA VERBAL EN LA QUE OMITIMOS EL SUJETO DE LA ORACIÓN, AL IMPARTIR ÓRDENES O INDICACIONES A LAS PERSONAS A LAS QUE NOS DIRIGIMOS, DIRECTAMENTE.

EXCEPCIÓN

- **LET´S GO** to the dentist.
  VALLAMOS AL DENTISTA.

- **CLOSE** the door please.
  CIERRA LA PUERTA POR FAVOR.

| ESTRUCTURA | INFINITIVO + COMPLEMENTO |

AFIRMATIVA

CUANDO QUEREMOS **SOLICITAR** QUE ALGUÍEN HAGA ALGO.

- Please, **GIVE HIM** a chance.
  POR FAVOR, DALE UNA OPORTUNIDAD.
- **CALL ME** when you get back home.
  LLÁMAME CUANDO REGRESES A CASA.
- **TURN OFF** the lights before you leave, please.
  APAGA LAS LUCES ANTES DE MARCHARTE, POR FAVOR

NEGATIVA

CUANDO PRETENDEMOS **QUE NO SE HAGA**.

> **GRAMMAR.** LA NEGATIVA SIEMPRE EMPIEZA POR EL VERBO AUXILIAR **DON´T**, SEGUIDO DEL INFINITIVO.

- **DON'T TOUCH** that, it's really hot.
  NO TOQUES ESO, ESTÁ MUY CALIENTE.
- **DON'T FORGET** your umbrella, it´s going to rain.
  NO OLVIDES TU PARAGUAS, VA A LLOVER.
- **DON'T BE** silly! You can´t drive fast in the rush hour traffic.
  ¡NO SEAS LOCO!, NO PUEDES CONDUCIR RÁPIDO EN HORA PUNTA.

FORMA INDIRECTA DEL IMPERATIVO

WAIT FOR ME

FORMA INDIRECTA DEL **IMPERATIVO**.
I EXPECTED you **TO WAIT** for me.
ESPERABA QUE TÚ ME ESPERARAS.

> **GRAMMAR.** EN LA NEGATIVA VAMOS A UTILIZAR «NOT + INFINITIVO»

FIJAROS LA CONSTRUCCIÓN DE LA **NEGATIVA**.

DON´T WAIT FOR ME

I TOLD my children **NOT TO WAIT** for me.
LE DIJE A MIS HIJOS QUE NO ME ESPERARAN.

VINCIS. CENTRO DE ESTUDIOS

UNIT 2 — EL PRESENTE SIMPLE

EXPRESA ACCIONES QUE, **OCURREN O BIEN REALIZAMOS CON CIERTA HABITUALIDAD**, HÁBITOS, Y OBVIEDADES.

2.1. ESTRUCTURA — SUJETO + INFINITIVO + COMPLEMENTO

PARA LA CONSTRUCCIÓN DE ESTE TIEMPO VERBAL, **UTILIZAREMOS EL INFINITIVO DEL VERBO PRINCIPAL**; MÁS ADELANTE HABLAREMOS DE LA CONJUGACIÓN DE LOS VERBOS.

- Water **BOILS** at 100 degrees Celsius.
  EL AGUA HIERVE A 100 GRADOS CELSIUS.
- People often **LEARN** to swim when they are children.
  LA GENTE A MENUDO APRENDE A NADAR CUANDO SON NIÑOS.
- My wife **SPENDS** each summer in the family cottage.
  MI MUJER PASA CADA VERANO EN LA CABAÑA FAMILIAR.

2.2. EL VERBO «TO DO». LA NEGATIVA y LA INTERROGATIVA

EL VERBO «TO DO» COMO **VERBO PRINCIPAL**, TIENE SIGNIFICADO DE «**HACER ALGO**», EN UN SENTIDO GENÉRICO, TAL Y COMO PODEMOS VER EN EL EJEMPLO (A)
COMO **VERBO AUXILIAR**, CARENTE DE SIGNIFICADO «**DO vs DOES**», PERMITE **EN PRESENTE**, LA CONSTRUCCIÓN DE LA **NEGATIVA E INTERROGATIVA**; ESE ÚLTIMO «**DOES**» CUANDO EL SUJETO DE LA ORACIÓN **ESTÁ EN TERCERA PERSONA DEL SINGULAR**.
«**DID**», PERMITE LA CONSTRUCCIÓN **EN TIEMPO PASADO**, CON INDEPENDENCIA DEL NÚMERO DE LA PERSONA (SINGULAR O PLURAL).

DO
DO NOT / DON´T

DOES
DOES NOT / DOESN´T

PASADO
DID

- (A) Megan **DOES** what I think she should **DO**.
  MEGAN HACE LO QUE CREO QUE DEBERÍA HACER.
- They **DO NOT GO** away very often.
  ELLOS NO SALEN MUY A MENUDO.
- She **DOESN´T DO** the shopping.
  ELLA NO HACE LA COMPRA.
- Where **DO** you **COME** from?
  ¿DE DÓNDE ERES?
- **DOES** William **GO** home by bicycle?
  ¿VA WILIAM A CASA EN BICICLETA?
- **DID** you **GO OUT** that weekends?
  ¿SALISTES ESE FIN DE SEMANA?

DO/ DOES / DID. OBSERVAD LA INVERSIÓN CON RESPECTO AL SUJETO, QUE NOS PERMITE LA CONSTRUCCIÓN DE LA INTERROGATIVA.

2.3. CONJUGACIÓN DE LA 3ª PERSONA DEL SINGULAR.

CUANDO EL SUJETO DE LA ORACIÓN ES DE LA 3ª PERSONA DEL SINGULAR, COMO DISTICIÓN, **AL INFINITIVO DEL VERBO COMO NORMA GENERAL SE LE AGREGARÍA UNA "S"**

- SE AÑADE "ES" DETRÁS DE <u>O, S, SH, Y CH</u>
  DO-DOES/ GO-GOES/ PASS-PASSES/ FINISH-FINISHES/ TEACH-TEACHES
- SI TERMINA **EN "Y" SUSTITUIMOS ÉSTA POR "I" Y AÑADIMOS "ES"**
  STUDY/ STUDIES.

VINCIS. CENTRO DE ESTUDIOS

2.4. LOS ADVERBIOS DE FRECUENCIA

ESTOS ADVERBIOS NOS PERMITEN EXPONER **CON QUÉ FRECUENCIA OCURRE UNA SITUACIÓN, DESARROLLAMOS CUALQUIER ACTIVIDAD O HABLAMOS DE LOS HÁBITOS DE LAS PERSONAS**.

ALWAYS	SIEMPRE
NEVER	NUNCA
NORMALLY	NORMALMENTE
RARELY / SELDOM	RARAMENTE
OFTEN	A MENUDO
USUALLY	GENERALMENTE
SOMETIMES	A VECES
HARDLY EVER	CASI NUNCA
EVERY	CADA
BARELY	APENAS

HOW OFTEN SOMEONE DO THINGS?

HOW OFTEN DO you **GO** to the dentist?
¿CON QUÉ FRECUENCIA VAS AL DENTISTA?

> OPOSICIONES. ESTE APARTADO 2.3. SUELE SER PREGUNTA DE EXÁMEN.

POSICIÓN EN LAS ORACIONES.

A. DETRÁS DEL VERBO «TO BE».

I **AM ALWAYS** really focused on my work.
SIEMPRE ESTOY MUY CONCENTRADO EN MI TRABAJO.

My boss **IS NORMALLY** very polite to her employees.
MI JEFA ES NORMALMENTE MUY EDUCADO CON SUS EMPLEADOS

> GRAMMAR. COMO OPOSITOR, LO MÁS INTERESANTE PARA NOSOTROS ES, **LA POSICIÓN QUE OCUPAN ESTOS ADVERBIOS**, Y NO TANTO SU SIGNIFICADO.

B. DELANTE DEL VERBO PRINCIPAL.

We **BARELY GO** on holiday to the coast of Cádiz.
APENAS VOY DE VACACIONES A LA COSTA DE CÁDIZ.

It **HARDLY EVER SNOWS** in Málaga.
CASI NUNCA o RARA VEZ NIEVA EN MÁLAGA.

 **B.1. DETRÁS DE** LOS VERBOS AUXILIARES.
OCUPARÁ UNA POSICIÓN INTERMEDIA ENTRE EL VERBO AUXILIAR Y PRINCIPAL.

- I **HAVE NEVER THOUGHT** about becoming vegan.
  NUNCA HE PENSADO HACERME VEGANO.
  She **DOESN´T USUALLY GET UP** early in the morning.
  ELLA NUNCA SUELE LEVANTARSE TEMPRANO POR LA MAÑANA.
- **DO** my parents **OFTEN GO** on summer vacations?
  ¿SUELEN MIS PADRES IR A MENUDO DE VACACIONES DE VERANO?

B.2. DETRÁS DE LOS MODALES.

- I **SHOULD OFTEN READ** an English book on the beach.
  A MENUDO DEBERÍA LEER UN LIBRO DE INGLÉS EN LA PLAYA.

| POSICIÓN | VERY OFTEN / MUY A MENUDO |

I **GO AWAY** on weekends **VERY OFTEN.**
SALGO FUERA LOS FINES DE SEMANA MUY A MENUDO.

| SOMETIMES | A VECES |

ALGUNOS ADVERBIOS, PODEMOS ENCONTRARLOS AL PRINCIPIO DE LA FRASE.

SOMETIMES, I **GO TO** the beach on fall.
A VECES VOY A LA PLAYA EN OTOÑO.

UNIT 3 — EL PRESENTE CONTINUO

EXPRESA ENTRE OTROS USOS QUE VEREMOS EN EL APT. 3.3., **ACONTECIMIENTOS QUE ESTÁN EN CURSO** EN ESTE MISMO MOMENTO.

3.1. ESTRUCTURA — SUJETO + «TO BE» + GERUNDIO + COMPLEMENTO

EL **GERUNDIO** ES UNA FORMA VERBAL QUE ADEMÁS DE CUMPLIR SU FUNCIÓN EN LA ESTRUCTURA DE CIERTOS TIEMPOS VERBALES, **PUEDE HACER LAS VECES DE SUJETO, OBJETO, Y COMPLEMENTO EN LA MISMA, COMO VEREMOS MÁS ADELANTE**.

PARA LA CONSTRUCCIÓN DE ESTE TIEMPO VERBAL, **UTILIZAREMOS EL PRESENTE DEL VERBO «TO BE» (AM/IS/ARE)**, SEGUIDO DEL VERBO PRINCIPAL EN GERUNDIO, CUYA CONSTRUCCIÓN LA VEREMOS EN EL **APARTADO 3.2**.

- A friend of mine **IS STUDYING** English philology.
  UN AMIGO MIO ESTÁ ESTUDIANDO FILOLOGÍA INGLESA.
- My two children **ARE LEARNING** German for work reasons.
  MIS DOS HIJOS APRENDEN ALEMÁN POR MOTIVOS LABORALES.

> EL VERBO TO BE. AM/IS/ARE. EN ESTE TIEMPO VERBAL, TIENE FUNCIÓN DE VERBO AUXILIAR.

EN ESTA FRASE HACE LAS VECES DE SUSTANTIVO Y TIENE FUNCIÓN SUJETO.

- **SPEAKING** English **IS** very important in the whole world.
  HABLAR INGLES ES MUY IMPORTANTE EN TODO EL MUNDO.

> GERUNDIO. OBSERVAD QUE SE CONJUGA EN SINGULAR.

ACCIONES FUTURAS

TAMBIÉN UTILIZAREMOS EL PRESENTE CONTINUO CUANDO **TENGAMOS PREVISTOS CON ANTELACIÓN, REALIZARLAS,** POR EJEMPLO, EJECUTANDO ACTOS PARA LLEVARLAS A BUEN FIN; COMO RESERVAR UN VUELO, LLAMAR A LOS AMIGOS, RESERVAR CAMPO, ETC ...

- I´M **PLAYING** football tomorrow morning.
  JUEGO AL FUTBOL MAÑANA POR LA MAÑANA.
- SHE´S **FLYING** to Istanbul next weekend.
  VUELA A ESTAMBÚL LA PRÓXIMA SEMANA
- WE ARE **looking** forward to the holidays
  ESTAMOS DESEANDO QUE LLEGUEN LAS VACACIONES.

LA NEGATIVA

TAL Y COMO EXPLICAMOS ANTERIORMENTE, **TENEMOS QUE AGREGAR LA PARTICULA «NOT» AL VERBO AUXILIAR,** EN ESTE CASO, AL VERBO **«TO BE»**

- I´m afraid Bryan **IS NOT or (ISN´T) WORKING** hard enough.
  ME TEMO QUE BRYAN NO ESTÁ TRABAJANDO LO SUFICIENTEMENTE DURO.

LA INTERROGATIVA

PARA LA CONSTRUCCIÓN DE LA INTERROGATIVA, **TENEMOS QUE HACER LA INVERSIÓN DEL VERBO AUXILIAR CON EL SUJETO**.

- **IS IT RAINING** now?
  ¿ESTÁ LLOVIENDO AHORA?

3.2. CONSTRUCCIÓN DEL GERUNDIO

EL GERUNDIO ES UNA FORMA VERBAL FÁCILMENTE IDENTIFICABLE, **AL FINALIZAR EL VERBO PRINCIPAL EN «ING»**
ESTE SUFIJO DEBEMOS AGREGÁRSELO AL INFINITIVO DEL VERBO PRINCIPAL.
SI ÉSTE FINALIZA EN «E», ELIMINAMOS ESTA VOCAL Y LE AGREGAMOS «ING»

EL GERUNDIO. FÁCILMENTE INDENTIFICABLE AL FINALIZAR EN ING.

- DRIVE – **DRIVING** HAVE-**HAVING** INCREASE-**INCREASING**
  CONDUCIR -TOMAR -INCREMENTAR

- SALVO EE/ OE/ YE.
  AGREE – **AGREEING**
  ESTAR DE ACUERDO

SIN FINALIZA EN "IE"- SUSTITUIMOS ÉSTA POR "Y" + "ING".
TO LIE – **LYING**.

DUPLICIDAD CONSONANTE FINAL

REGLAS DE DUPLICIDAD **REGLAS.** SI BIEN RESULTA DE INTERÉS CONOCERLAS, NO SUELEN SER MOTIVO EXPRESO DE PREGUNTA ALGUNA.

CONSONANTE – VOCAL - CONSONANTE

INFINITIVOS MONOSÍLABOS

CUANDO EL INFINITIVO MONOSÍLABO TIENE ESTA ESTRUCTURA, HAY QUE DOBLAR LA CONSONANTE FINAL.

- SIT- **SITTING**.
  SENTARSE

SALVO AQUELLOS INFINITIVOS QUE TERMINAN EN W, X o Y.

- MIX - **MIXING**
  MEZCLAR

CONSONANTE – VOCAL - CONSONANTE

BISÍLABOS Y POLISÍLABOS

BISÍLABOS Y POSISÍLBOS DOBLAN LA CONSONANTE FINAL **SÓLO SI LA SÍLABA ENFATIZADA ES LA ÚLTIMA.**

- BEGIN- **BEGINNING**
  COMENZAR

DUPLICIDAD SI FINALIZA EN "L" TRAS VOCAL

- TRAVEL- **TRAVELLING**
  VIAJAR

AÑADIMOS K + ING.
- PICNIC- **PICNICKING**.
  HACER UN PICNIC

VINCIS. CENTRO DE ESTUDIOS

3.3. USOS DEL PRESENTE CONTINUO

CULTURILLA GENERAL. CON ESTE EPÍGRAFE, VAMOS A INTRODUCIR ASPECTOS DEL TEMARIO, QUE NO SON TAN RELEVANTES COMO EL CONOCIMIENTO DE LAS ESTRUCTURAS EN SÍ.

CULTURILLA GENERAL

A CONTINUACIÓN, **SI BIEN LO MÁS INTERESANTE COMO OPOSITOR ES SU ESRUCTURA**, VAMOS A VER OTRAS SITUACIONES EN LAS QUE UTILIZAREMOS ESTE TIEMPO VERBAL.

EN OCASIONES, LA ACCIÓN NO TIENE POR QUÉ ESTAR OCURRIENDO EN EL MISMO MOMENTO QUE NOS ENCONTRAMOS HABLANDO.

- Abigail IS **READING** a book about the conquest of America.
  ABIGAIL ESTÁ LEYENDO UN LIBRO SOBRE LA CONQUISTA DE AMÉRICA..

HA EMPEZADO SU LECTURA, PERO AÚN NO LA HA FINALIZADO.

CON PERÍODOS DE TIEMPO EN TORNO A ESTE MOMENTO; JUST NOW, RIGHT NOW; CON EXPRESIONES COMO AT THE MOMENT, TODAY, NEXT WEEK, ETC

- Someone IS **WORKING** hard today.
  ~~SOMEONE WORKS HARD TODAY.~~
  ALGUIÉN ESTÁ TRABAJANDO DURO HOY.

EN SITUACIONES TEMPORALES (TEMPORARY SITUATIONS)

TEMPORARY SITUATIONS

- I AM **LIVING** with my parents **UNTIL I CAN BUY MY OWN FLAT**.
  ESTOY VIVIENDO CON MIS PADRES HASTA QUE ME PUEDA COMPRAR MI PROPIO APARTAMENTO.

  BUT we say...
- I live with my parents in Huelva.
  VIVO CON MIS PADRES EN HUELVA.

NO OBSTANTE, CON LOS VERBOS SUGGEST, APOLOGISE, INSIST, AGREE, PROMISE, ETC

CUANDO SUGERIMOS, NOS DISCULPAMOS, INSISTIMOS, ESTAMOS DE ACUERDO, PROMETEMOS, ETC...

 UTILIZAMOS EL PRESENTE SIMPLE.

- I promise **I WON´T BE LATE** tonight.
  PROMETO QUE NO LLEGARÉ TARDE ESTA NOCHE.
- I ~~am promising~~ I won´t be late tonight.

VINCIS. CENTRO DE ESTUDIOS

3.4. PRESENTE SIMPLE VS CONTINUO

CULTURILLA GENERAL.

I ALWAYS DO VS I AM ALWAYS DOING. -

I ALWAYS DO vs I'M ALWAYS DOING

I ALWAYS DO.
CUANDO SE HACE, CADA VEZ.

- **Jennifer is ALWAYS ATTENTIVE** with everyone who needs it.
  JENIFER ES SIEMPRE ATENTA CON TODO EL MUNDO QUE LO NECESITA.

I AM ALWAY DOING.
CUANDO SE HACE MÁS A MENUDO DE LO NORMAL, E INCLUSO DE LO DESEABLE.

- **I AM ALWAYS LOSING** my mind.
  SIEMPRE ESTOY PERDIENDO LA CABEZA.

I AM VS I AM BEING. -

I AM vs I'M BEING

I AM.
CUANDO LO SOMOS, SIEMPRE TENEMOS ESE COMPORTAMIENTO EDUCADO.

- **Isabella IS** so much polite at all times.
  ISABELLA ES TAN EDUCADA EN TODO MOMENTO.

I AM BEING
CUANDO PUNTUALMENTE ESTAMOS SIÉNDOLO, PERO NO ES LO NORMAL SERLO.

- **He IS BEING** polite despite the embarrassing situation.
  ESTÁ SIENDO EDUCADO A PESAR DE LA SITUACIÓN TÁN EMBARASOSA.

I THINK VS I AM THINKING ABOUT / OF.

I THINK vs I'M THINKING

I THINK
CUANDO CREEMOS, PENSAMOS, O APORTAMOS NUESTRA OPINIÓN AL RESPECTO.

- What **DO** the crew **THINK** of this?
  ¿QUÉ PIENSA U OPINA LA TRIPULACIÓNS DE ESTO?

I'M THINKING
CUANDO ESTAMOS CONSIDERANDO, SOPESANDO, HACER ALGO.

- **WE ARE THINKING** of/about HAV**ING** dinner in the Centre tonight.
  ESTAMOS PENSANDO CENAR EN EL CENTRO ESTA NOCHE.

VINCIS. CENTRO DE ESTUDIOS

UNIT 4 — EL PASADO SIMPLE

EXPRESA ACCIONES CONCRETAS QUE ACONTECIERON EN EL PASADO.

4.1. ESTRUCTURA — SUJETO + VERBO PRINCIPAL EN PASADO + COMPLEMENTO

LOS VERBOS EN INGLÉS PUEDEN SER REGULARES, ES DECIR FORMAN EL PASADO SIMPLE Y EL PARTICIPO PASADO DE FORMA IDÉNTICA, AÑADIÉNDOLE AL INFINITIVO EL SUFIJO **«ED»**, **O IRREGULARES (ANEXO I)**, QUE DEBEN SER OBJETO DE ESTUDIO, POR PARTE DEL ALUMNO.

- The team **WATCHED** several matches of their rivals to study them.
  EL EQUIPO VIÓ VARIOS PARTIDOS DE SUS RIVALES PARA ESTUDIARLOS.
- The teacher **CAME** in, **INTRODUCED** herself, and **BEGAN** to teach the class.
  LA PROFESORA ENTRÓ, SE PRESENTÓ, Y COMENZÓ A IMPARTIR LA CLASE.

EN EL CONDICIONAL TIPO II – VER LOS CONDICIONALES.

 EN SU MOMENTO, VEREMOS ESTE TIEMPO VERBAL FORMANDO PARTE DE LOS CONDICIONALES EN LA **IF-TENSE**.

- If I **SPOKE** English, I would like to go Edinburgh.
  SI HABLARA INGLÉS, ME GUSTARÍA IR A EDIMBURGO.

VERBOS IRREGULARES. EN EL ANEXO I, TENEMOS UN LISTADO DE LOS MÁS COMUNES.

LA NEGATIVA y LA INTERROGATIVA

CUANDO LA FRASE CONTENGA UN **VERBO AUXILIAR «TO BE»** O MODAL **«COULD, HAD TO, ETC»**, LOS UTILIZAREMOS PARA SU CONSTRUCCIÓN.

- Where **WAS** Alejandra that morning?
  ¿DÓNDE ESTUVO ALEJANDRA ESA MAÑANA?
- My brothers **COULDN´T BE** home to help with moving last week
  MIS HERMANOS NO PUDIERON ESTAR EN CASA LA SEMANA PASADA, PARA AYUDAR CON LA MUDANZA.

 CUANDO LA FRASE NO LOS CONTENGA, UTILIZAREMOS PARA SU CONSTRUCCIÓN, **EL VERBO AUXILIAR «DID»**, INDISTINTO PARA LOS SUJETOS DE SINGULAR Y PLURAL.

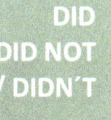
DID / DID NOT / DIDN´T

- They **DIDN´T GO** abroad last weekend.
  ELLOS NO SALIERON AL EXTRANJERO EL ÚLTIMO FIN DE SEMANA.
- She **DIDN´T DO** anything to solve the problem.
  ELLA NO HIZO NADA PARA SOLUCIONAR EL PROBLEMA.

 What **DID** you **DO** last month, at the beach house?
¿QUE HICISTES EL MES PASADO EN LA CASA DE LA PLAYA?

4.2. VERBOS REGULARES vs IRREGULARES

VERBOS REGULARES. PASADO Y PARTICIPO PASADO FINALIZAN EN "ED"

VERBOS IRREGULARES_CONJUGACIÓN (VER ANEXO I)

CONJUGACIÓN. LAS ESTUDIAREMOS EN TRES COLUMNAS EN EL SIGUIENTE ORDEN:
INFINITIVO/PASADO/PARTICIPIO PASADO
SEE/SAW/SEEN
GO/WENT/GONE
WRITE/WROTE/WRITTEN

VERBOS REGULARES

A CONTINUACIÓN, VEREMOS CÓMO SE CONSTRUYE EL PASADO SIMPLE DE UN VERBO REGULAR.

CONSTRUCCIÓN

FORMAN EL PASADO AÑADIENDO – ED AL INFINITIVO

SI ÉSTOS TERMINAN EN "Y" LA SUSTITUIMOS POR "I" Y AÑADIMOS "ED
TRY- TRIED   STUDY–STUDIED.

DUPLICIDAD DE LA CONSONANTE FINAL.

☐ TRAVEL – TRAVELLED.

> **REGLAS.** SI BIEN RESULTA DE INTERÉS CONOCERLAS, NO SUELEN SER MOTIVO EXPRESO DE PREGUNTA ALGUNA.

DESPUÉS DE VOCAL DE PRONUNCIACIÓN CORTA.
ADMIT – ADMITTED.

WHEN? AND WHAT TIME?

CON ESTOS INTERROGATIVOS, PARA INTERROGAR SOBRE HECHOS DEL PASADO, UTILIZAREMOS EL **PASADO SIMPLE**.

- **WHAT TIME DID YOUR SON** GO to pick up his grades?
¿A QUÉ HORA FUE TU HIJO A RECOGER SUS NOTAS?

- **WHEN DID THE SPANISH WOMEN'S FOOTBALL TEAM** arrive at the train station?
¿CUÁNDO LLEGÓ EL EQUIPO DE FUTBOL FEMENINO ESPAÑOL A LA ESTACIÓN DE TREN?

> **GRAMMAR.** OBSERVAD LA POSICIÓN DEL VERBO **AUXILIAR** TRAS EL PRONOMBRE INTERROGATIVO, PRECEDIENDO AL SUJETO

4.3. MARCADORES TEMPORALES.

NOS PERMITEN SITUAR UNA ACCIÓN EN UNA LÍNEA TEMPORAL.
NORMALMENTE SE SITÚAN AL FINAL DE LA FRASE, PERO EN OCASIONES SE POSICIONAN AL PRINCIPIO, CUANDO PRETENDEMOS ENFATIZAR EL PERÍODO TEMPORAL.

✓ We got married	✓ three days **AGO,**
	✓ **YESTERDAY**
	✓ **LAST** weekend, night,
	✓ in 2012
	✓ on Sunday morning
	✓ the day **BEFORE**

VINCIS. CENTRO DE ESTUDIOS

UNIT 5 EL PASADO CONTINUO

EXPRESA ACCIONES QUE SE ENCONTRABAN EN CURSO **EN UN DETERMINADO INTERVALO DE TIEMPO, EN EL PASADO.**

| ESTRUCTURA | SUJETO + «TO BE» + GERUNDIO + COMPLEMENTO |

PARA LA CONSTRUCCIÓN DE ESTE TIEMPO VERBAL, **UTILIZAREMOS EL PASADO DEL VERBO TO BE «WAS OR WERE»** SEGUIDO DEL VERBO PRINCIPAL EN GERUNDIO. RECORDEMOS **«WAS»** PARA SUJETOS EN SINGULAR, Y **«WERE»** PARA PLURAL.

Yesterday my brother and I HAD DINNER sushi; we **STARTED** at 20:30 and **FINISHED** at 22:00.

At 21:30 we **WERE HAVING** dinner, and **WERE** in the Sibuya Restaurant.

- My son **WAS READING** a mystery novel when the light went off.
  MI HIJO ESTABA LEYENDO UNA NOVELA DE MISTERIO CUANDO SE FUE LA LUZ.
- I **WAS HANGING** a picture, when it fell off
  ESTABA COLGANDO UN CUADRO, CUANDO SE ME CAYÓ.
- They **WERE PLAYING** roulette in the casino.
  ESTABAN JUGANDO A LA RULETA EN EL CASINO.

GRAMMAR. PASAR UN TIEMPO VERBAL DE PRESENTE A PASADO, ES TAN SENCILLO, **COMO MODIFICAR EL PRIMER VERBO AUXILIAR EN LA ORACIÓN.**

LA NEGATIVA y LA INTERROGATIVA

 LA CONSTRUCCIÓN DE LA NEGATIVA E INTERROGATIVA, **NOS VALDREMOS DE LA VERSATILIDAD DEL VERBO «TO BE», COMO VERBO AUXILIAR.**

EN LA NEGATIVA AGREGAMOS LA PARTÍCULA **«NOT»** AL VERBO AUXILIAR.

- They **WERE NOT WORKING** in that moment.
  ELLOS NO ESTABAN TRABAJANDO EN ESE MOMENTO.
- I **WASN´T DOING** anything when you arrived
  NO ESTABA HACIENDO NADA CUANDO LLEGASTES.
- I think my friends **WEREN´T STUDYING** it as they should
  CREO QUE MIS AMIGOS NO ESTABAN ESTUDIANDO COMO DEBERÍAN.

EN LA INTERROGATIVA INVERTIMOS EL VERBO AUXILIAR **«TO BE»** Y EL SUJETO.

- **WAS MICHAEL LEARNING** languages, for any relevant reason?
  ¿ESTABA MICHAEL APPRENDIENDO IDIOMAS, POR ALGÚN MOTIVO RELEVANTE?
- Why **WERE YOU ROASTING** a chicken so early?
  ¿POR QUÉ ESTABAS ASANDO UN POLLO TAN TEMPRANO?
- **WAS MY SISTER ROWING** at that time?
  ¿ESTABA MI HERMANA REMANDO A ESA HORA?

VINCIS. CENTRO DE ESTUDIOS

5.2. A MENUDO UTILIZAMOS DOS PASADO CONTINUO JUNTOS...

WHILE

PARA EXPRESAR DOS SITUACIONES QUE OCURREN SIMULTÁNEAMENTE. VEMOS POR PRIMERA VEZ LA CONJUNCIÓN «WHILE».

WHILE I **WAS** **RELAXING** on the beach, my children **WERE** **PLAYING** beach soccer.
MIENTRAS ESTABA RELAJÁNDOME EN ELA PLAYA, MIS HIJOS ESTABAN JUGANDO AL FUTBOL PLAYA

> **OPOSICIONES.** UNO DE ESTOS DOS APARTADOS, 5.2. O 5.3. SUELEN SER PREGUNTA DE EXÁMEN.

5.3. A MENUDO UTILIZAMOS CONJUNTAMENTE EL PASADO CONTINUO Y EL PASADO SIMPLE...

WHEN

EN ESTA PUNTO, UTILIZAREMOS LA CONJUNCIÓN «WHEN», PARA EXPRESAR ALGO QUE ACONTECE DURANTE EL TRANSCURSO DE OTRA ACCIÓN ANTERIOR.

- They **PHONED** me **WHEN** I **WAS** **COMING** back from my honeymoon.
  ME LLAMARON CUANDO ESTABA REGRESANDO DE MI LUNA DE MIEL.

PARA EXPRESAR QUE UNA ACCIÓN OCURRE CON POSTERIORIDAD A OTRA ANTERIOR.

- I **WAS** **WALKING** around the park **WHEN** I **SAW** her, and we **HAD a** good time.
  ESTABA PASEANDO POR EL PARQUE CUANDO LA VÍ, Y PASAMOS UN BUEN RATO.

OBSERVA LA DIFENCIA DE SIGNIFICADOS

ALGO ACONTECE DURANTE EL TRANSCURSO DE OTRA.

- When my brother **ARRIVED**, I **WAS** **PLAYING** paddle tennis
  CUANDO MI HERMANO LLEGÓ, YO ESTABA JUGANDO AL PADEL.

> YO SOY EL ÚNICO QUE SE ENCONTRABA JUGANDO

- When my brother **ARRIVED**, we **PLAYED** paddle tennis.
  CUANDO MI HERMANO LLEGÓ, JUGAMOS AL PADEL.

> AMBOS NOS PUSIMOS A JUGAR

UNIT 6 — EL PRESENTE PERFECTO

EXPRESA ACCIONES DEL PASADO, **QUE MANTIENEN CONSECUENCIAS O RESULTADOS EN EL PRESENTE;** COMO CUANDO HABLAMOS DE LA VIDA DE LAS PERSONAS.

6.1. ESTRUCTURA — SUJETO + «TO HAVE» + PARTICIPIO PASADO + COMPLEMENTO

UTILIZAREMOS EL VERBO **«TO HAVE»** COMO **VERBO AUXILIAR** EN SU CONSTRUCCIÓN, PARA ELLO USAREMOS **HAVE O HAS** DEPENDIENDO DE QUE EL SUJETO DE LA ORACIÓN SE CORRESPONDA CON LA 3ª PERSONA DEL SINGULAR, O NO.

- My father **HAS WORKED** on the project **FOR FIVE YEARS**.
  MI PADRE TRABAJA EN EL PROYECTO DESDE HACE CINCO AÑOS.
- We **HAVE LIVED** in the same apartment **FOR AGES**.
  HEMOS VIVIDO EN EL MISMO APARTAMENTO, DESDE HACE TIEMPO.

> **GRAMMAR.** ESTE TIEMPO VERBAL SE CONSTRUYE CON, **EL VERBO PRINCIPAL EN PARTICIPIO PASADO.**

LA NEGATIVA y LA INTERROGATIVA

NEGATIVA — HAVE NOT O HAVEN´T / HAS NOT OR HASN´T

AGREGAMOS LA PARTÍCULA «NOT» AL VERBO AUXILIAR.

- They **HAVE NOT GONE** abroad **SINCE JANUARY**.
  NO HAN SALIDO AL EXTRANJERO DESDE ENERO.

> **GRAMMAR.** ES IMPORTANTE RECORDAR QUE LA NEGATIVA EN INGLES, COMO NORMA GENERAL, SE FORMA **AÑADIÉNDOLE LA PARTÍCULA NOT AL VERBO AUXILIAR.**

INTERROGATIVA

INVERSIÓN DEL VERBO AUXILIAR Y EL SUJETO DE LA ORACIÓN

HAS She **DONE** anything to solve the problem?
¿HA HECHO ELLA ALGO PARA SOLUCIONAR EL PROBLEMA?

«HOW MANY TIMES?»

EL PRESENTE PERFECTO CONTESTA A LA PREGUNTA ¿CUÁNTAS VECES?

- **HOW MANY TIMES HAVE** you **WORKED** for that company?
  ¿CUÁNTAS VECES HAS TRABAJADO PARA ESA COMPAÑIA?

- **HOW MANY TIMES HAS** Lucía **MARRIED** to the same woman?
  ¿CUÁNTAS VECES SE HA CASADO LUCÍA CON LA MISMA MUJER?

«HAVE YOU EVER?»

CUANDO QUEREMOS ENFATIZAR SI SE HA REALIZADO UNA ACCIÓN ALGUNA VEZ.

HAVE you **BEEN** to the port of Algeciras? It's amazing
¿HAS ESTADO EN EL PUETO DE ALGECIRAS? ES INCREIBLE.

HAVE you **EVER BEEN** there?
¿HAS ESTADO ALGUNA VEZ ALLÍ?

VINCIS. CENTRO DE ESTUDIOS

6.2. USOS DEL PRESENTE PERFECTO

DECIMOS QUE ALGO HA OCURRIDO, Y FACILITAMOS NUEVA INFORMACIÓN

- The prisoner **HAS CUT** himself
  EL PRISIONERO SE HA CORTADO (A SI MISMO)
- The road is closed, look¡ there **HAS HAPPENED** something.
  LA CARRETERA ESTÁ CORTADA, ¡MÍRA¡, HA OCURRIDO ALGO.
- The police may **HAVE ARRESTED** the delinquents.
  LA POLICÍA PUEDE QUE HAYA ARRESTADO LOS DELINCUENTES.

HAY UNA CIERTA CONEXIÓN CON EL AHORA.

- I **HAVE LOST** my apartment keys
  HE PERDIDO LAS LLAVES DE MI APARTAMENTO.
  RECIENTEMENTE Y TODAVÍA NO LAS TENGO.
- I can´t find my umbrella, **HAVE** you **SEEN** it?
  NO PUEDO ENCONTRAR MI PARAGÜAS, ¿LO HAS VISTO?
- Are your parents at home? I don´t think so, they **HAVE GONE** out.
  ¿ESTÁN TUS PADRES EN CASA? CREO QUE NO, HAN SALIDO.

HACEMOS REFERENCIA A PERIODOS DE TIEMPO INACABADOS.

- It **HAS RAINED** a lot **this year**.
  HA LLOVIDO MUCHO ESTE AÑO.
- We **HAVEN'T SEEN** her **Today**.
  NO LA HEMOS VISTO HOY.
- I **HAVE MET** a lot of people **this morning**.
  HE CONOCIDO A MUCHA GENTE ESTA MAÑANA.

CUANDO HACEMOS REFERENCIA A UN PERIODO DE TIEMPO QUE CONTINUA DESDE EL PASADO, HASTA AHORA.

- You **HAVEN´T BEEN** to Australia
  NO HAS ESTADO EN AUSTRALIA.
- **HAVE** you **READ** Perez Reverte?
  ¿HAS LEÍDO A PEREZ REVERTE?
- This is the most boring film I **HAVE** ever **SEEN**.
  ESTA ES LA PELÍCULA MÁS ABURRIDA QUE HE VISTO

ACCIONES RECIÉN FINALIZADAS

- **HAS** The lawyer just **LEFT** her office?
  ¿SE ACABA DE IR EL ABOGADO DE SU DESPACHO?
- I **HAVE** just **HAD** a shower.
  ACABO DE DARME UNA DUCHA.
- The Staff **HAVE** just **RECEIVED** their salaries.
  LA PLANTILLA ACABA DE RECIBIR SU NÓMINA.

PERÍODO TEMPORAL DESCONOCIDO

- Someone **HAS STOLEN** my bike from my storage room.
  ALGUIÉN HA ROBADO MI BICICLETA DEL TRASTERO.

VINCIS. CENTRO DE ESTUDIOS

6.3. JUS VS ALREADY VS YET VS STILL VS ANYMORE

LOS ADVERBIOS **JUST, ALREADY, Y YET**, NOS AYUDAN A MATIZAR **CUÁNDO SE HA LLEVADO A EFECTO**, Y SI SE HA PODIDO **FINALIZAR UNA ACCIÓN O NO**.

JUST — ACABO

«JUST» RECIEN SE HA LLEVADO A CABO_ A SHORT TIME AGO

JUST AND **ALREADY**, PRECEDEN AL VERBO PRINCIPAL.

- Are you hungry? No, I have **JUST HAD** lunch.
  NO, **ACABO DE ALMORZAR**.
- The plane HAS **JUST TOOK OFF**.
  EL AVIÓN **ACABA DE DESPEGAR**.

ALREADY — YA

«ALREADY» ANTES DE LO ESPERADO_SOONER THAN EXPECTED

- The cure **ALREADY** exists.
  YA EXISTE LA CURA.
- I have **ALREADY DONE** the dishes.
  YA HE LAVADO LOS PLATOS.

> **OPOSICIONES.** UNO DE ESTOS DOS APARTADOS, 6.3. O 6.4. SUELEN SER PREGUNTA DE EXÁMEN.

YET — YA, AÚN

«YET» USO EN FRASES NEGATIVAS e INTERROGATIVAS

EXPRESAMOS QUE TODAVÍA NO HEMOS TERMINADO UNA ACCIÓN, PERO QUE PRESUMIBLEMENTE ACABAREMOS REALIZÁNDOLA.

- Have you finished this magazine **YET**?
  ¿**HAS LEÍDO YA** ESTE LIBRO?
- I don't want to know it **YET**.
  AÚN NO LO QUIERO SABER.

> **YET.** SE SITUA AL FINAL DE LA FRASE.

> **EXCEPCIÓN:** Significado de "PERO".
> - The film was good, **YET a bit** short
>   LA **PELICULA ESTUVO BIEN, PERO UN POQUITO CORTA**.

STILL — TODAVÍA

«STILL». USO EN FRASES AFIRMATIVAS, NEGATIVAS e INTERROGATIVAS AFIRMATIVAS

EXPRESAMOS QUE ALGO CONTINÚA PRODUCIÉNDOSE O SUCEDIENDO.

- She IS **STILL STUDYING** hard.
  TODAVÍA ESTÁ ESTUDIANDO DURO.
- After all these years, CAN you **STILL JUMP** that wall?
  DESPUÉS DE TODOS ESTOS AÑOS, ¿**TODAVÍA PUEDES SALTAR** ESE MURO?
- She didn't have teeth, but she **STILL SMILES** a lot.
  ELLA NO TIENE DIENTES Y **AÚN ASÍ SONRÍE** MUCHO.

- They **STILL** haven't **FINISHED** their homework.
  TODAVÍA NO HAN TERMINADO SUS DEBERES.
- Nobody **STILL** doesn't **UNDERSTAND** the rules.
  NADIE TODAVÍA NO ENTIENDE LAS REGLAS.

ANYMORE — NUNCA MÁS

«ANYMORE» USO EN FRASES AFIRMATIVAS

EXPRESAMOS QUE ALGO HA FINALIZADO.

- Are you still angry? - I am not angry **ANYMORE**.
  ¿**TODAVÍA ESTAS ENFADADO**? YA NO ESTOY ENFADADO

6.4. «FOR» VS «SINCE»

> LOS UTILIZAREMOS PARA INTRODUCIR **PERÍODOS TEMPORALES**; AMBOS **EN EL PRESENTE PERFECTO** SE TRADUCEN COMO **«DESDE»**; MARCANDO EL PUNTO EN EL PASADO INMEDIATO EN QUE SE INICIA LA ACCIÓN, HASTA EL PRESENTE.

«SINCE» PERÍODOS DE TIEMPO DESDE UN PUNTO DEL PASADO

7 O´CLOCK, TUESDAY, WINTER, SHE WAS A CHILD, I GOT UP, LUNCHTIME, CHRISTMAS, ETC.

SINCE
- We **HAVE LIVED** here **SINCE I WAS** seven years old.
  VIVIMOS AQUÍ DESDE QUE TENGO SIETE AÑOS.
- My nephew **HAS BEEN WORKING** in my company **SINCE HE MOVED** from Madrid.
  MI SOBRINO HA ESTADO TRABAJANDO EN MI COMPAÑÍA DESDE QUE SE MUDÓ DE MADRID.

«FOR» PERÍODOS DE TIEMPO CONCRETOS

FOR A LONG TIME_ DESDE HACE MUCHO TIEMPO, **FOR AGES_** DESDE HACE SIGLOS, **FOR A WHILE_** POR UN MOMENTO, ETC.

FOR
- My uncle **HAS BEEN** in hospital **FOR THREE DAYS**
  MI TIO ESTA EN EL HOSPITAL DESDE HACE TRES DÍAS.
- They **HAVE BEEN MARRIED FOR FOUR YEARS**.
  LLEVAN CASADOS DESDE HACE CUATRO AÑOS.

«FOR» _ DURANTE.

> CON CUALQUIER OTRO TIEMPO VERBAL, DISTINTO AL PRESENTE PERFECTO, SIGNIFICA "DURANTE".
>
> **FOR**
> - My friend **STAYED** with me **FOR TWO DAYS**.
>   *MI AMIGO SE QUEDÓ CONMIGO DURANTE DOS DÍAS.*
>
> - I've been waiting for her **FOR HOURS**.
>   *ESTUVE ESPERANDO POR ELLA DURANTE HORAS.*

«BEEN» VS «GONE»

A CONTINUACIÓN, VAMOS A VER LA DIRENCIA ENTRE EL USO EN EL PRESENTE PERFECTO, DE LOS VERBOS «TO BE_BEEN» AND «TO GO_GONE»

CUANDO ESTAMOS EN TOKYO EN ESTOS MOMENTOS, O BIEN NOS ENCONTRAMOS DE CAMINO.

- Mr. Tom **HAS GONE** to Tokyo in Japan.
  Mr. TOM HA IDO A TOKYO EN JAPÓN.

HEMOS ESTADO EN ALGÚN LUGAR, PERO YA HEMOS REGRESADO.

- A friend of hers **HAS BEEN** on holiday in Nepal.
  UNA AMIGA SUYA, HA ESTADO DE VACACIONES EN NEPAL.

UNIT 7 — EL PRESENTE PERFECTO CONTINUO

EXPRESA UNA ACTIVIDAD **RECIEN FINALIZADA**, PERO QUE TIENE INCIDENCIA EN EL PRESENTE; NOS CENTRAMOS EN LA ACTIVIDAD Y EN SU DURACIÓN.

7.1. ESTRUCTURA — SUJETO + «TO HAVE» + BEEN + GERUNDIO

TO HAVE
HAVE OR HAS

TO BE
BEEN

El VERBO «TO HAVE» COMO PRIMER VERBO AUXILIAR EN LA ESTRUCTURA, ASUME LA PARTICULA «NOT» EN LA CONSTRUCCIÓN DE LA NEGATIVA, E INTERVIENE EN LA INVERSIÓN EN LA INTERROGATIVA.

EL VERBO «TO BE» EN PARTICIPIO PASADO "BEEN", INTERVIENE EXCLUSIVAMENTE EN LA ESTRUCTURA VERBAL COMO **2ND. VERBO AUXILIAR**.

- My son **HAS BEEN SLEEPING** the whole night.
  MI HIJO HA ESTADO DURMIENTO DURANTE TODA LA NOCHE
- My parents **HAVE BEEN ARGUING** for an hour.
  MIS PADRES HAN ESTADO DISCUTIENDO DURANTE UNA HORA.

GRAMMAR. EN ESTE TIEMPO VERBAL, AL IGUAL QUE EN EL PASADO PERFECTO CONTINUO, OBSERVAREMOS SIEMPRE EL BINOMIO **BEEN + GERUNDIO**.

LA NEGATIVA y LA INTERROGATIVA

AGREGAMOS LA PARTÍCULA «NOT» AL VERBO «TO HAVE»

- Amelia **HAS NOT BEEN BEHAVING** as she should.
  ULTIMAMENTE AMELIA NO HA ESTADO COMPORTÁNDOSE COMO DEBERÍA.
- My family **HAVE BEEN WAITING** the medical results for weeks.
  MI FAMILIA HAN ESTADO ESPERANDO LOS RESULTADOS MÉDICOS DURANTE SEMANAS.

INVERSIÓN DEL VERBO AUXILIAR Y EL SUJETO DE LA ORACIÓN

- **HAS THE RED BULL MECHANIC BEEN CHANGING** tires all morning?
  ¿HA ESTADO CAMBIANDO NEUMÁTICOS TODA LA MAÑANA?
- How long **HAS THE WAITER BEEN TALKING** on the phone?
  ¿CUÁNTO TIEMPO LLEVA EL CAMARERO HABLANDO POR TELÉFONO?

7.2. HOW LONG? _ ¿CUANTO HACE?

A MENUDO LO UTILIZAMOS CON ESTE TIEMPO VERBAL **CUANDO PRETENDEMOS PREGUNTAR POR LA DURACIÓN DE LAS ACTIVIDADES.**

- **HOW LONG HAVE** you **BEEN DOING** extreme trekking?
  ¿CUÁNTO HACE QUE ESTAS HACIENDO SENDEREISMO EXTREMO?
- **HOW LONG HAS** Steve **BEEN PREPARING** candidates?
  ¿CUÁNTO HACE QUE STEVE PREPARA CANDIDATOS?

HOW MANY TIMES? _ ¿CUÁNTAS VECES?

CUANDO QUEREMOS PREGUNTAR POR LA FRECUENCIA.

- **HOW MANY TIMES HAVE** you **RACE** in a Karting?
  ¿CUÁNTAS VECES HAS CORRIDO EN UN KARTING?
- **HOW MANY TIMES HAVE** you **SAILED** a sailboat?
  ¿CUÁNTAS VECES HAS NAVEDADO EN VELERO?

VINCIS. CENTRO DE ESTUDIOS

7.3. TO WORK AND TO LIVE

AMBOS VERBOS ADMITEN LOS DOS TIEMPOS VERBALES PARA EXPRESAR LA DURACIÓN DE UNA SITUACIÓN.

- I **HAVE BEEN LIVING/ WORKING** in Huelva **SINCE 2023**.
  VIVO/TRABAJO EN HUELVA DESDE 1966.

- I **HAVE LIVED/ WORKED** in Huelva **SINCE 1966**.

7.4. PRESENTE PERFECTO VS PRESENTE PERFECTO CONTINUO

PODEMOS OBSERVAR LA DIFERENCIA DE SIGNIFICADO, DEPENDIENDO DEL USO DEL PRESENTE PERFECTO O PERFECTO CONTINUO.

EL PRESENTE PERFECTO CONTINUO PONE EL **ÉNFASIS EN EL PERÍODO TEMPORAL EN SÍ**, Y NO TANTO EN LA ACCIÓN.

- I **HAVE BEEN PAINTING** my flat **ALL MORNING**.
  HE ESTADO PINTANDO MI APARTAMENTO TODA LA MAÑANA.

  GRAMMAR. AÚN PODRÍAMOS NO HABER FINALIZADO NINGUNA DE LAS DOS TAREAS.

- Sophie **HAS BEEN WRITING** complaint letters **ALL DAY**.
  SOPHIE HA ESTADO ESCRIBIENDO ESCRITOS DE RECLAMACIONES TODA EL DÍA.

EL PRESENTE PERFECTO PONE EL **ÉNFASIS EN LA ACCIÓN EN SÍ**, Y NO TANTO EN EL PERÍODO TEMPORAL

- I **HAVE PAINTED** my flat this morning.
  HE PINTANDO MY APARTAMENTO ESTA MAÑANA.

  GRAMMAR. LOS PODRÍAMOS DAR POR FINALIZADO.

- Mary **HAS WRITTEN** five postcards this morning.
  MARY HA ESCRITO CINCO POSTALES ESTA MAÑANA.

7.5. OTROS USOS DEL PRESENTE PERFECTO CONTINUO

TAMBIÉN UTILIZAMOS ESTE TIEMPO VERBAL CUÁNDO **SITUACIONES DEL PASADO LAS SEGUIMOS REALIZANDO EN EL PRESENTE CON UNA CIERTA FRECUENCIA**.

- I **HAVE BEEN GOING** to the pilgrimage in my village every year **FOR AS LONG AS I CAN REMEMBER.**
  LLEVO YENDO A LA ROMERÍA DE MI PUEBLO DESDE QUE PUEDO RECORDAR.

UNIT 8 — EL PASADO PERFECTO

EXPRESA LA ANTERIORIDAD DE UNA SITUACIÓN PASADA, **CON RESPECTO A OTRA;** NOS RETROTRAEMOS A UN PUNTO ESPECÍFICO EN EL PASADO.

8.1. ESTRUCTURA — SUJETO + «HAD» + PARTICIPIO PASADO + COMPLEMENTO

UTILIZAREMOS COMO VERBO AUXILIAR EN SU CONSTRUCCIÓN EL VERBO «TO HAVE» EN PASADO «HAD».

- **When we arrived**, the show **HAD** already **STARTED**.
  CUANDO LLEGAMOS, EL ESPECTÁCULO **YA HABÍA COMENZADO**.
- **We went to a place** where I **HAD** never **BEEN** before.
  FUIMOS A UN LUGAR **DÓNDE NUNCA HABÍA ESTADO** CON ANTERIORIDAD.

GRAMMAR. EN LA CONSTRUCCIÓN DEL PASADO, SÓLO TENEMOS QUE MODIFICAR EL VERBO AUXILIAR DE PRESENTE A PASADO.

PASADO SIMPLE — EN OCASIONES HABLAMOS DE ACCIONES O SITUACIONES OCURRIDAS EN EL PASADO.

- A friend of mine **ARRIVED** at the airport, to fly to Brussels.
  UN AMIGO MÍO LLEGÓ AL AEROPUERTO, PARA VOLAR A BRUSELAS.

PASADO PERFECTO — PARA HABLAR DE ALGUNA SITUACIÓN ACONTECIDA CON ANTERIORIDAD.

UTILIZAREMOS EL PASADO PERFECTO.

- Unfortunately, when my brother **ARRIVED** at the airport, the plane **HAD** just **TAKEN OFF**.
  DESAFORTUNADAMENTE, CUANDO MI HERMANO LLEGÓ AL AEROPUERTO, **EL AVIÓN ACABABA DE DESPEGAR**.

LA NEGATIVA y LA INTERROGATIVA

NEGATIVA — HAD NOT / HADN´T

AGREGAMOS LA PARTÍCULA "NOT" AL VERBO AUXILIAR.
- My Unfortunately, my daughter **HAD NOT MADE** the reservations.
  MI HIJA NO HABÍA COMIDO MUCHAS ESPINACAS

INVERSIÓN DEL VERBO AUXILIAR Y EL SUJETO DE LA ORACIÓN
- **HAD** the game **SARTED** when you got home?
  ¿HABÍA EMPEZADO EL PARTIDO CUANDO LLEGASTE A CASA?

8.2. USO EN EL CONDICIONAL TIPO III

IF I HAD — EN SU MOMENTO, VEREMOS ESTE TIEMPO VERBAL FORMANDO PARTE DE LOS CONDICIONALES EN LA **IF-TENSE, EXPRESA ACCIONES QUE NO HAN LLEGADO A PRODUCIRSE.**

- If the blackout **HAD** not **FRIGHTENED** her, she would have finished it.
  SI EL APAGÓN NO LA HUBIESE ASUSTADO, PODRÍA HABERLO TERMINANDO.

UNIT 9 — EL PASADO PERFECTO CONTINUO

EXPRESA LA **PROGRESIÓN** DE UNA ACCIÓN EN EL PASADO.

9.1. ESTRUCTURA — SUJETO + «HAD» + BEEN + GERUNDIO

VERBO AUX_1 «TO HAVE»
VERBO AUX_2 «TO BE»

TAL Y COMO OCURRÍA CON EL PRESENTE PERFECTO CONTINUO, **«HAD»** COMO PRIMER VERBO AUXILIAR, ASUME LA PARTICULA **«NOT»** EN LA CONSTRUCCIÓN DE LA NEGATIVA, E INTERVIENE EN LA **INVERSIÓN** EN LA INTERROGATIVA.

- I **HAD BEEN COOKING THE WHOLE DAY**, and unbelievably they canceled the reservation
  HABÍA ESTADO COCINANDO TODO EL DÍA, E INCREIBLEMENTE CANCELARON LA RESERVA.

- It **HADN´T BEEN RAINING** so many days in a row, **FOR CENTURIES**.
  NO HABÍA ESTADO LLOVIENDO TANTOS DÍAS SEGUIDOS, DESDE HACE SIGLOS.

- **HADN´T** we **BEEN WALKING ALL MORNING?**
  ¿NO HABÍAMOS ESTADO PASEANDO TODA LA MAÑANA?

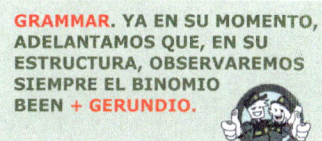

GRAMMAR. YA EN SU MOMENTO, ADELANTAMOS QUE, EN SU ESTRUCTURA, OBSERVAREMOS SIEMPRE EL BINOMIO **BEEN + GERUNDIO**.

9.2. OTROS USOS DEL PASADO PERFECTO CONTINUO

A CONTINUACIÓN, VAMOS A VER **OTRAS SITUACIONES** EN LAS QUE PODREMOS UTILIZAR EL PASADO PERFECTO CONTINUO.

ACCIONES QUE HABÍAMOS ESTADO REALIZANDO EN ALGÚN PUNTO DEL PASADO.

- I was very TIRED when I GOT back home, I **HAD BEEN TRAVELLING** by myself, **ALL OVER THE WORLD**.
  ESTABA CANSADO CUANDO REGRESÉ A CASA, HABÍA ESTADO VIAJANDO SÓLO POR TODO EL MUNDO.

ACCIONES QUE COMIENZAN EN UN MOMENTO DETERMINADO EN EL PASADO Y SE VE INTERRUMPIDA POR UNA SEGUNDA ACCIÓN.

- She **HAD BEEN PRACTISING** for hours **WHEN** Samuel asked for her.
  ELLA HABÍA ESTADO PRACTICANDO DURANTE HORAS, CUANDO SAMUEL PREGUNTÓ POR ELLA.

9.3. PERFECTO SIMPLE VS PERFECTO CONTINUO

- She **HAD BEEN PLAYING** for an hour.
  LA ATENCIÓN RECAE:
  SOBRE LA DURACIÓN DE LA ACCIÓN.

- Louise **HAD PLAYED** for an hour.
  QUE LA ACCIÓN HA CONCLUIDO.

UNIT 10 — EL FUTURO SIMPLE

EXPRESA **DECISIONES** QUE SE TOMAN IN SITU.
PREDICCIONES BASADAS EN NUESTRA PROPIA EXPERIENCIA, U OPINIÓN PERSONAL.

10.1. ESTRUCTURA — SUJETO + «WILL» + INFINITIVO + GERUNDIO

PARA LA CONSTRUCCIÓN DEL FUTURO ANTEPONDREMOS AL INFINITIVO DEL VERBO PRINCIPAL EL AUXILIAR **«WILL»**, QUE ASUMIRÁ LAS FUNCIONES DE VERBO AUXILIAR.

- That lady **WILL HAVE** salad as the starter.
  ESA SEÑORITA TOMARÁ ENSALADA DE PRIMERO.
- Elizabeth **WILL BE** very happy in her new life.
  SERÁ MUY FELIZ EN SU NUEVA VIDA.
- He **WILL TRAVEL** to Australia next weekend.
  VIAJARÁ A AUSTRALIA EL PRÓXIMO FIN DE SEMANA.

LA NEGATIVA y LA INTERROGATIVA

WILL NOT / WON´T

COMO AUXILIAR, **«WILL»** ASUMIRÁ LA PARTICULA **«NOT»** EN LA NEGATIVA, Y LA INVERSIÓN CON EL SUJETO EN LA INTERROGATIVA.

MY BROTHER WON´T PHONE him soon.
MI HERMANO NO LE LLAMARÁ PRONTO.

WILL YOUR UNCLE WORK next week?
¿TRABAJARÁ TU TÍO LA PRÓXIMA SEMANA?

WILL. COMO AUXILIAR PRECEDERÁ SIEMPRE AL VERBO EN INFINITIVO; SEA ÉSTE, PRINCIPAL O AUXILIAR «HAVE»

10.2. SITUACIONES EN LAS QUE UTILIZARÍAMOS EL FUTURO SIMPLE

FUTURO SIMPLE

 NOS OFRECEMOS PARA HACER ALGO

- That box is too heavy; I **WILL HELP** you with it.
- That box is too heavy; ~~I HELP you with it.~~
  ESA CAJA ES DEMASIADO PESADA; TE AYUDO CON ELLA.

 PEDIMOS ALGO

- **Will** you **GIVE** me the white wine bottle, please?
  ¿ME DAS LA BOTELLA DE VINO BLANCO, POR FAVOR?

 ACORDAMOS HACER ALGO

- Can you give Mary this letter?
  Of course, **I´LL GIVE** it to her **TOMORROW MORNING**.
  ¿PUEDES DARLE A MARY ESTA CARTA? POR SUPUESTO, SE LA DARÉ MAÑANA POR LA MAÑANA.

VINCIS. CENTRO DE ESTUDIOS

10.3. EXPRESIONES EN FUTURO SIMPLE

«FUTURO SIMPLE»

CON ESTE TIPO DE EXPRESIONES, USUALMENTE UTILIZAREMOS EL **FUTURO SIMPLE**.

| TO BE SURE | ESTAR SEGURO |

- We **are SURE** she´ll NEVER **PHONE** you.
  *ESTAMOS SEGURO DE QUE ELLA **NUNCA TE LLAMARÁ**.*

NEVER TIENE UNA CONNOTACIÓN NEGATIVA, QUE DEBEREMOS TENER EN CUENTA CUÁNDO LLEGUEMOS A UNIDADES COMO EL DE LAS **QUESTION TAGS**, ENTRE OTRAS.

| PROBABLY | PROBABLEMENTE |

- We´ll **PROBABLY BE** at work tomorrow morning.
  PROBABLEMENTE ESTAREMOS EN EL TRABAJO MAÑANA POR LA MAÑANA.

| WONDER | ME PREGUNTO |

- We **WONDER** what WILL **HAPPEN**, in the near future
  NOS PREGUNTAMOS QUÉ OCURRIRÁ EN UN FUTURO CERCANO.

«PRESENTE SIMPLE»

NO OBSTANTE, UTILIZAREMOS **"HOPE" y "WHEN" EN EL PRESENTE SIMPLE** EN LUGAR DEL FUTURO, PARA HABLAR DE SITUACIONES EN EL FUTURO

| HOPE | ESPERO QUE... |

- **I HOPE** it doesn´t rain tomorrow.
  ESPERO QUE NO LLUEVA MAÑANA.
  I HOPE ~~it won´t rain~~ tomorrow.

- We **HOPE** she gets married next month.
  ESPERAMOS QUE SE CASE EL PRÓXIMO MES.

We **HOPE** ~~she will get~~ married next month.

| WHEN | CUANDO... |

- **WHEN** I **GET** home tonight, I´ll have a pepperoni pizza.
  CUANDO LLEGUE A CASA ESTA NOCHE, TOMARÉ UNA PIZZA DE PEPPERONI.

- **WHEN** I **RETIRE**, I will go fishing every day.
  CUANDO ME RETIRE ME IRÉ DE PESCA TODO LOS DIAS.

10.4. FUTURO SIMPLE VS PRESENTE CONTINUO

EN SU MOMENTO, EN LA UNIDAD 3, ADELANTAMOS QUE EL PRESENTE CONTINUO **EXPRESA PLANES FUTUROS QUE SE ORGANIZAN CON ANTELACIÓN**.

PLANES FUTUROS

PRESENTE CONTINUO

- **I'm MEETING Elisa** after work for a drink tonight.
  HE QUEDADO CON ELISA DESPUÉS DEL TRABAJO PARA TOMAR UN COPA ESTA NOCHE.

- **They're HAVING dinner** at the new sushi place in town on Friday.
  VAN A CENAR EN EL NUEVO RESTAURANTE DE SUSHI EN EL CENTRO EL VIERNES.

ACCIONES SOBREVENIDAS

FUTURO SIMPLE

PARA EXPRESAR **ACCIONES FUTURAS QUE SE DECIDEN IN SITU** A CONSECUENCIA DE CUALQUIER CIRCUNSTANCIA SOBREVENIDA EN EL MOMENTO.

ROCIO PHONED YOU WHILE YOU WERE PLAYING BOWLING
ROCÍO TE LLAMÓ MIENTRAS ESTABAS JUGANDO A LOS BOLOS.

- Ohi, **I WILL PHONE** her back as soon as possible.
  OHi, LE DEVOLVERÉ LA LLAMADA TAN PRONTO COMO SEA POSIBLE.

UNIT 11 — I AM GOING TO DO SOMETHING

EXPRESA INTENCIONES FUTURAS QUE SE DECIDEN CON ANTELACIÓN.
PREDICCIONES BASADAS EN EVIDENCIAS PRESENTES, QUE PERCIBIMOS.
CUANDO INTUÍMOS QUE ALGO PODRÍA ESTAR A PUNTO DE OCURRIR.

11.1. ESTRUCTURA | SUJETO + «TO BE» + GOING TO + INFINITIVO

EN LA ESTRUCTURA INTERVIENE COMO AUXILIAR EL VERBO **«TO BE»**, EN CUALQUIERA DE SUS CONJUGACIONES DE PRESENTE Y PASADO, SEGUIDO DE **«GOING TO»**, MÁS EL **INFINITIVO** DEL VERBO PRINCIPAL.

- John says, he **IS GOING TO** BE a politician when he grows up
  JOHN DICE QUE VA A SER POLÍTICO CUANDO CREZCA.
  MÁS BIEN ES UN DECLARACIÓN DE INTENCIONES POR PARTE DEL INTERLOCUTOR.

- Look at those black clouds, **IT´S GOING TO** RAIN.
  MIRA ESAS NUBES NEGRAS, VA A LLOVER.
  PODEMOS AUGURAR POR NUESTRA EXPERIENCIA, QUE VA A COMENZAR A LLOVER.

- Get back, this is Gibraltar, the plane **IS GOING TO** LAND.
  RETROCEDE, ESTO ES GIBRALTAR, EL AVIÓN VA A ATERRIZAR.
  INTUÍMOS, CONOCIENDO LA ÚNICA PISTA DE ATERRIZAJE DEL PEÑON, QUE PUEDE QUE EL AVIÓN ESTE EN APROXIMACIÓN.

> **OPOSICIONES.** LA DISTINCIÓN DEL USO DEL FUTURO SIMPLE Y DEL PRESENTE CONTINUO, SUELE SER PREGUNTA DE EXÁMEN.

LA NEGATIVA y LA INTERROGATIVA

PARA LA CONSTRUCCIÓN DE LA NEGATIVA E INTERROGATIVA, **NOS VALDREMOS, COMO CASI SIEMPRE, DE LOS VERBOS AUXILIARES**, EN ESTE CASO DEL VERBO **«TO BE»**

- Unfortunately, I **AM NOT GOING TO** TELL you anything
  DESAFORTUNADAMENTE, NO VOY A CONTARTE NADA.

- Martin **IS NOT GOING TO** VISIT Venice on holiday.
  MARTIN NO VA A VISITAR VENECIA DE VACACIONES.

- **IS** María **GOING TO** WORK in Dublin this summer?
  ¿VA MARÍA A TRABAJAR EN DUBLIN ESTE VERANO?

- **ARE** they **GOING TO** LEND me the money?
  ¿VAN A PRESTARME EL DINERO?

11.2. I AM GOING TO DO SOMETHING VS I AM DOING SOMETHING

AHONDEMOS UN POCO EN DIFERENCIAR AMBAS ESTRUCTURAS.

«I´M GOING TO DO SOMETHING»

EXPONEN MÁS BIEN UNA DECLARACIÓN DE INTENCIONES POR NUESTRA PARTE.

- I think I **AM GOING TO** THE BEACH on Sunday; if it doesn´t rain.
  CREO QUE VOY A LA PLAYA EL DOMINGO; SI NO LLUEVE.

- I'**M GOING TO** STUDY medicine at university.
  VOY A ESTUDIAR MEDICINA EN LA UNIVERSIDAD.

«I´M DOING SOMETHING»

LO HEMOS ORGANIZADO CON ANTELACIÓN.

- I **AM PLAYING** FOOTBALL with some friends of mine on Saturday.
  JUEGO AL FOOTBALL CON ALGUNOS AMIGOS MIOS EL SÁBADO.

UNIT 12 — EL FUTURO CONTINUO

EXPRESA ACCIONES FUTURAS **DE UNA CIERTA DURACIÓN O CONTINUIDAD**. ACCIONES QUE **PODEMOS DAR POR HECHO QUE TENDRÁN LUGAR EN EL FUTURO**.

12.1. ESTRUCTURA — SUJETO + «WILL» + BE + GERUNDIO + COMPLEMENTO

SU ESTRUCTURA ES SENCILLA, EL FUTURO SIMPLE DEL VERBO "TO BE" «WILL BE» SEGUIDO DEL VERBO PRINCIPAL EN **GERUNDIO**.

- At 10 o´clock I **WILL BE SLEEPING**.
  A LAS DIEZ EN PUNTO ESTARÉ DURMIENDO.

- I am afraid, IT **WILL BE RAINING** in few minutes.
  ME TEMO, QUE ESTARÁ LLOVIENDO EN POCOS MINUTOS.

- We **WILL BE PRACTICING** guitar when she gets back home.
  ESTARÉ PRACTICANDO GUITARRA CUANDO REGRESE A CASA.

GRAMMAR. EN ESTE TIEMPO VERBAL, OBSERVAREMOS SIEMPRE EL BINOMIO **WILL BE + GERUNDIO**.

LA NEGATIVA y LA INTERROGATIVA

AMBAS SE CONSTRUYEN DE LA MISMA FORMA, QUE EN EL FUTURO SIMPLE.

- I **WON´T BE PRACTICING** guitar when you get back home.
  NO ESTARÉ PRACTICANDO CON LA GUITARRA CUANDO REGRESES A CASA.

- Unfortunately, she **WON'T BE SITTING** next to me.
  DESAFORTUNADAMENTE, NO ESTARÁ SENTADA CERCA DE MI.

- I **WILL NOT BE HAVING** dinner until midnight.
  NO ESTARÉ CENANDO HASTA MEDIANOCHE

- **WILL** she **BE WAITING** for me at the restaurant?
  ¿ME ESTARÁ ELLA ESPERANDO EN EL RESTAURANTE?

- What **WILL** Mary **BE DOING** tomorrow morning?
  ¿QUE ESTARÁ HACIENDO MARY MAÑANA POR LA MAÑANA?

- How many people **WILL BE DANCING** at your party?
  ¿CUANTA GENTE ESTARÁ BAILANDO EN TU FIESTA

12.2. MARCACIONES TEMPORALES

AT FIVE, TOMORROW, AT THIS TIME, NEXT MONTH...

- At this time tomorrow night, I **WILL BE DRIVING** back home.
  A ESTA HORA MAÑANA POR LA NOCHE, ESTARÉ REGRESANDO A CASA.

- At 10 o´clock next Sunday we **WILL BE PLAYING** soccer on the beach.
  EL PRÓXIMO DOMINGO A LAS DIEZ EN PUNTO, ESTAREMOS JUGANDO AL FUTBOL EN LA PLAYA.

VINCIS. CENTRO DE ESTUDIOS

UNIT 13 — EL FUTURO PERFECTO

EXPRESA (A) **LA SUPOSICIÓN** DE QUE UNA ACCIÓN SE HABRÁ PRODUCIDO EN UN DETERMINADO MOMENTO EN EL FUTURO.
(B) **LA HIPÓTESIS** DE LO QUE HA PODIDO OCURRIR EN EL PASADO.

13.1. ESTRUCTURA | SUJETO + «WILL» + HAVE + PARTICIPIO PASADO

SU ESTRUCTURA ES SENCILLA, EL FUTURO SIMPLE DEL VERBO «**WILL HAVE**» SEGUIDO DEL VERBO PRINCIPAL EN **PARTICIPIO PASADO**.

- **(A)** Don't be sad, he **WILL HAVE LEARNT** the lesson by then.
  *NO ESTÉS TRISTE, PARA ENTONCES **HABRÁ APRENDIDO** LA LECCIÓN.*

- **(B)** My parents **WILL HAVE NOTICED** (that) I wasn´t at home last night.
  *MIS PADRES **HABRÁN NOTADO** QUE NO ESTUVE EN CASA ANOCHE*

- By that date, I **WILL HAVE CALCULATED** the exact amount
  *PARA ESA FECHA, **HABRÉ CALCULADO** LA CANTIDAD EXACTA.*

LA NEGATIVA y LA INTERROGATIVA

SE CONSTRUYE DE LA MISMA FORMA QUE EN EL FUTURO SIMPLE, Y CONTINUO.

- Don't worry, you **WON´T HAVE FORGOTTEN** to switch off the oven.
  *NO TE PREOCUPES, **NO HABRÁS OLVIDADO** APAGAR EL HORNO.*

- In two days, the plane **WILL HAVE LEFT** and you will be gone forever.
  *EN DOS DÍAS, **EL AVIÓN HABRÁ PARTIDO**, Y TE HABRÁS IDO PARA SIEMPRE.*

- **WILL** they **HAVE FINISHED** all their housework by dinner?
  *¿**HABRÁN TERMINADO** TODOS SUS TAREAS PARA LA CENA?*

13.2. MARCACIONES TEMPORALES

EN EL FUTURO PERFECTO SE SUELE AÑADIR UNA REFERENCIA TEMPORAL CONCRETA.

BY SUNDAY, BY THAT DATE, BY THEN, PROBABLY, SURELY, IN A MONTH...

- I'm afraid (That) they **WON'T HAVE** REPAIRED my motorbike **by Sunday**.
  *ME TEMO QUE **NO HABRÁN REPARADO** MI MOTO PARA EL DOMINGO.*

UNIT 14 — EL FUTURO PERFECTO CONTINUO

EXPRESA ÉNFASIS A LA DURACIÓN DE UNA **ACCIÓN QUE FINALIZARÁ EN UN DETERMINADO MOMENTO DEL FUTURO**.

14.1. ESTRUCTURA

SUJETO + «WILL» + HAVE + BEEN + GERUNDIO

SU ESTRUCTURA ES SENCILLA, EL FUTURO PERFECTO DEL VERBO "TO BE" «**WILL HAVE BEEN**» SEGUIDO DEL VERBO PRINCIPAL EN **GERUNDIO**.

- By the time I finish university, I **WILL HAVE** BEEN STUDYING engineering for five years
  *PARA CUANDO TERMINE LA UNIVESIDAD, **HABRÉ ESTADO ESTUDIANDO** INGENIERA DURANTE CINCO AÑOS.*
- By the end of the sport event, the motorcyclist **WILL HAVE** BEEN DRIVING for slightly more than 24 hours.
  *AL FINAL DE LA PRUEBA DEPORTIVA, **HABRAS ESTADO CONDUCIENDO** DURANTE ALGO MÁS DE 24 HORAS.*
- At that point **I'LL HAVE** BEEN HIKING for over an hour.
  *EN ESE PUNTO **HABRÉ ESTADO HACIENDO** SENDERISMO DURANTE ALGO MÁS DE UNA HORA.*

LA NEGATIVA y LA INTERROGATIVA

SE CONSTRUYE DE LA MISMA FORMA QUE EN LAS ANTERIORES ESTRUCTURAS VERBALES DE FUTURO, YA VISTAS.

They **WON'T HAVE** BEEN PAYING attention…
NO HABRÁN ESTADO PRESTANDO ATENCIÓN

At the end of the test, how long **WILL** he **HAVE** BEEN CUTTING Iberian ham?
*¿AL FINAL DE LA PRUEBA, CUÁNTO TIEMPO **HABRÁ ESTADO CORTANDO** JAMÓN IBÉRICO?*

How long **WILL** she **HAVE** BEEN LEARNING how to do it?
*¿CUANTA TIEMPO **HABRÁ ESTADO APRENDIENDO** COMO HACERLO?*

14.2. MARCACIONES TEMPORALES

EN EL FUTURO PERFECTO CONTINUO SE SUELE AÑADIR UNA REFERENCIA **TEMPORAL CONCRETA**.

BY THIS TIME, NEXT MONTH, IN TWO DAYS…

- By this time next Sunday, you **WILL HAVE BEEN FLYING** for 8 hours.
  *A ESTA HORA EL PRÓXIMO DOMINGO, **HABRÁS** ESTADO VOLANDO DURANTE OCHO HORAS.*

TIEMPOS VERBALES.

CON ESTA UNIDAD 14 FINALIZA EL ESTUDIO DE LOS TIEMPOS VERBALES; EL CONOCIMIENTO DE LA ESTRUCTURA DE CADA UNO DE ELLOS, RESULTARÁ FUNDAMENTAL PARA LLEVAR A BUEN TÉRMINO Y POR EL SENDERO ADECUADO, EL RESTO DEL CURSO.

RECORDEMOS QUE SU ESTRUCTURAS ESTÁN PRESENTES EN TODAS Y CADA UNA DE LAS UNIDADES QUE VEREMOS A PARTIR DE AHORA.

ASPECTOS RELEVANTES PARA LAS OPOSICIONES.

1. EL PREFECTO CONOCIMIENTO DE LOS VERBOS AUXILIARES, Y SUS USOS, TALES COMO LOS VERBOS «TO BE», «TO DO», «TO HAVE» Y EL AUXILIAR «WILL», ENTRE OTROS.

    1.1. NOS PERMITIRÁ AFRONTAR UNIDADES, ENTRE OTRAS, CÓMO LA DE LAS "QUESTION TAGS" "REPORTED SPEECH" "CONDICIONALES", ETC.

    1.2. NOS FACILITARÁ LA ELECCIÓN DE OPCIONES EN LAS PREGUNTAS.

2. EL CONOCIMIENTO DE LOS ADVERBIOS DE FRECUENCIA, Y FUNDAMENTALMENTE LA POSICIÓN QUE OCUPAN EN LAS ORACIONES.

3. EL PRESENTE PERFECT.

ADVERBIOS JUST, ALREADY, STILL, ETC…

    USO DE FOR vs SINCE.

4. EL PRESENTE CONTINUO vs FUTURO SIMPLE

UNIT 15 — LOS MODALES

SON VERBOS AUXILIARES QUE PROPORCIONAN **UN SIGNIFICADO ADICIONAL Y ESPECÍFICO AL VERBO PRINCIPAL.**

ESTRUCTURA | **SUJETO + «MODAL» + INFINITIVO + COMPLEMENTO**

EXPRESAN HABILIDAD, POSIBILIDAD, NECESIDAD, OBLIGACIÓN U CUALQUIER OTRA CONDICIÓN

VS MODALES.

GRAMMAR. COMO OPOSITORES NOS INTERESA CONOCER, QUÉ MODALES SON DE PRESENTE Y PASADO, CUALES USAN LA PREPOSICIÓN "TO" PARA ENLAZAR CON EL VERBO PRINCIPAL, Y CÓMO FORMAN LA NEGATIVA.

15.1. CAN or TO BE ABLE TO

CUANDO ALGO NOS ESTÁ PERMITIDO O ES POSIBLE.
ASÍ COMO CUANDO SE TIENE UNA HABILIDAD PARA HACER ALGO....

TIEMPO DE PRESENTE

EL MODAL «CAN» ENLAZA CON EL INFINITIVO DEL VERBO PRINCIPAL SIN LA PREPOSICIÓN «TO»

She **CAN PLAY** de violin as if he was born in Eire.
ELLA PUEDE TOCAR EL VIOLÍN, COMO SI HUBIERA NACIDO EN IRLANDA.

FORMA **LA NEGATIVA CON LA PARTÍCULA «NOT» «CAN NOT»** o EN SU FORMA CONTRAÍDA **«CAN´T»**
I **CAN´T STUDY** the energy project right now.
NO PUEDO ESTUDIAR EL PROYECTO ENERGÉTICO EN ESTOS MOMENTOS.

EN **LA INTERROGATIVA** REALIZAMOS **LA INVERSIÓN.**
IS your aunt **ABLE TO DO** it?
¿ES CAPAZ TU TÍA DE HACERLO?
CAN your husband **SPEAK** any foreign language?
¿HABLA TU MARIDO ALGÚN IDIOMA EXTRANJERO?

OPOSICIONES. ESTA UNIDAD SUELE SER PREGUNTA DE EXÁMEN.

15.2. MIGHT AND MAY

CUANDO EXPRESAMOS POSIBILIDAD

TIEMPO DE PRESENTE

SIGNIFICADOS SIMILARES.

GRAMMAR. LA CONTRACCIÓN DE -MIGHT NOT- ES MIGHTN´T.

I haven´t decided yet where to go on holiday, **I MIGHT GO** to the Canary Islands.
NO HE DECIDIDO AÚN DÓNDE IR DE VACACIONES, QUIZÁS VAYA A LAS ISLAS CANARIAS.

They **MAY HAVE TO** wait a couple of minutes; the train is not on time.
PUEDE QUE TENGAN QUE ESPERAR UN PAR DE MINUTOS, EL TREN NO VIENE A SU HORA.

FORMA **LA NEGATIVA CON LA PARTÍCULA «NOT» «MIGHT NOT»** o EN SU FORMA CONTRAÍDA **«MIGHTN´T»**

It **MIGHT NOT RAIN** later.
QUIZAS NO LLUEVA MÁS TARDE.

15.3. MUST

EXPRESA QUE SE DEBE HACER ALGO; Y LO UTILIZAMOS CUANDO CREEMOS QUE ALGO ES CIERTO.

TIEMPO DE PRESENTE

- It´s a wonderful film, **we MUST GO to** the cinema and see it.
  *ES UNA PELÍCULA MARAVILLOSA, **DEBEMOS IR** AL CINE Y VERLA.*
- You´ve been travelling all morning, **you MUST BE** exhausted.
  *HAS ESTADO VIAJANDO TODA LA MAÑANA, **DEBES DE ESTAR AGOTADO**.*
- The pupils **MUST HAVE** them somewhere.
  *LOS ALUMNOS **DEBEN DE TENERLAS** EN ALGÚN LUGAR.*

> FORMA **LA NEGATIVA CON LA PARTÍCULA «NOT» «MUST NOT»** o EN SU FORMA CONTRAÍDA **«MUSTN´T»**

- You have slept a lot; you MUST NOT **BE** tired.
  *HAS DORMIDO MUCHO, **NO DEBES DE ESTAR** CANSADO*

↩ **MUST** the entire programme **BE** learned in one week?
*¿**DEBE** TODO EL TEMARIO **APRENDERSE** EN UNA SÓLA SEMANA?*

CUANDO PRETENDEMOS OPINAR O ACONSEJAR

SIGNIFICANDO LO MISMO, SE DIFERENCIAN EN EL USO DE LA PREPOSICIÓN "TO" PARA ENLAZAR CON EL VERBO PRINCIPAL.

TIEMPO DE PRESENTE

- She looks ill, she **SHOULD GO** to bed.
  *PARECE ENFERMA, **DEBERÍA ACOSTARSE**.*
- They **OUGHT TO GO** home by taxi.
  DEBERÍAN IRSE A CASA EN TAXI.
- We **OUGHT TO CLEAN** our apartment, oughtn´t we?
  DEBERÍAMOS LIMPIAR NUESTRO APARTAMENTO, ¿NO?

> FORMA **LA NEGATIVA CON LA PARTÍCULA «NOT» «SHOULD NOT» «OUGHT NOT»** o EN SU FORMA CONTRAÍDA **«SHOULDN´T» «OUGHTN´T»**

- We **SHOULDN´T BELIEVE** everything we watch on TV.
  NO DEBERÍAMOS CREERNOS TODO LO QUE VEMOS EN TELEVISIÓN.
- My children **OUGHT NOT** (TO) **GO** alone to the Theme Park.
  *MIS HIJOS **NO DEBERÍAN IR** SOLOS AL PARQUE TEMÁTICO.*

↩ **SHOULD** we **INVITE** your friends to the party?
*¿**DEBERÍAMOS INVITAR** A TUS AMIGOS A LA FIESTA?*

- What king of knowledge **OUGHT** we **HAVE**?
  *¿QUÉ TIPO DE CONOCIMIENTOS **DEBERÍAMOS TENER**?*

15.5. HAVE TO

EXPRESA OBLIGACIÓN, SIN TENER EN CUENTA NUESTRA OPINIÓN.

TIEMPO DE PRESENTE

- I **HAVE TO WEAR** glasses for reading.
  TENGO QUE USAR GAFAS PARA LA LECTURA.
- He **HAS TO STOP** trusting her.
  TIENE QUE DEJAR DE CONFIAR EN ELLA.

FORMA LA NEGATIVA CON LOS AUXILIARES DO/DOES Y LA PARTÍCULA "NOT".

- She **DOESN'T HAVE TO LISTEN** to you.
  ELLA NO TIENE QUE ESCUCHARTE.
- The weather is getting better, you **DON´T HAVE TO CARRY** an umbrella.
  EL TIEMPO ESTÁ MEJORANDO, NO TIENES QUE LLEVAR PARAGUAS.

DOES the actress **HAVE TO BE** back by noon?
¿TIENE LA ACTRIZ QUE REGRESAR ELLA PARA MEDIODÍA?

15.6. NEED TO

CUANDO EXPRESAMOS QUE ALGO ES O NO, NECESARIO.

TIEMPO DE PRESENTE

- My parents **DON'T NEED TO WORK** to live comfortably.
  MIS PADRES NO NECESITAN TRABAJAR PARA VIVIR COMODAMENTE.

FORMA LA NEGATIVA CON LOS AUXILIARES DO/DOES Y LA PARTÍCULA "NOT".

- The actor **DOESN´T NEED TO COME** with us.
  EL ACTOR NO NECESITA VENIR CON NOSOTROS.

SIN EMBARGO, EN LA FORMA CONTRAÍDA NO LLEVA "TO"

- We **DOESN´T NEED TO HURRY** OR **NEEDN´T HURRY**.
  NO NECESITAMOS DARNOS PRISA.

DOES Sophie **NEED** the keys **TO** her apartment?
¿NECESITA SOPHIE LAS LLAVES DE SU APARTAMENTO?

15.7. HAD TO

ES EL PASADO DE "HAVE TO" Y SE LE APLICAN LAS MISMAS NORMAS GRAMÁTICALES.

TIEMPO DE PASADO

- There were no buses last week, I **HAD TO WALK** home.
  *NO HUBO AUTOBUSES LA SEMANA PASADA, **TUVE QUE CAMINAR** A CASA.*
- The train was full, so we **HAD TO STAND** all the way
  *EL TREN ESTABA LLENO, ASÍ QUE **TUVIMOS QUE IR DE PIE** TODO EL TRAYECTO.*

FORMA LA NEGATIVA CON EL AUXILIAR DID Y LA PARTÍCULA "NOT".

- Listen, you **DIDN´T HAVE TO COME** with me.
  ESCUCHA, NO TENÍAS QUE VENIR CONMIGO.

- Why **DID** you **HAVE TO GO** to your house at three in the morning?
  *¿POR **QUÉ TIENES QUE IR** A TU CASA A LAS TRES DE LA MAÑANA?*
- How many files **DID** you **HAVE TO GO** through?
  *¿CUÁNTOS ARCHIVOS **HAS TENIDO QUE BUSCAR**?*

15.8. COULD

EXPRESA POSIBILIDAD O HABILIDAD EN EL PASADO.

TIEMPO DE PRESENTE

ENLAZA CON EL INFINITIVO DEL VERBO PRINCIPAL SIN LA PREPOSICIÓN "TO".

- When she was young, she **COULD DO** anything.
  *CUANDO ERA JOVEN, **PODÍA HACER** CUALQUIER COSA.*

FORMA LA NEGATIVA CON LA PARTÍCULA "NOT".

- I was exhausted, but I **COULDN´T SLEEP** well tonight
  *ESTABA EXHAUSTO, PERO **NO PUDE DORMIR** BIEN ESTA NOCHE.*

- **COULD** you **SPEAK** English before you came to London?
  *¿**PODÍAS HABLAR** INGLÉS ANTES DE VENIR A LONDRES?*

CUANDO HACEMOS UNA SUGERENCIA PARA HACER ALGO AHORA O EN UN FUTURO.

OTROS USOS DE COULD

- What shall we do tomorrow?
  *¿**QUÉ HAREMOS** MAÑANA?*
- We **COULD HAVE** a picnic on Bolonia beach, in Tarifa.
  ***PODÍAMOS** HACER UN PICNIC EN LA PLAYA DE BOLONIA, EN TARIFA.*

PARA EXPRESAR QUE ALGO PUEDE SER POSIBLE

- I´m sure, the story of his life **COULD** be true.
  *ESTOY SEGURO, LA HISTORIA DE SU VIDA **PODRÍA SER** VERDADERA.*

PARA EXPRESAR ACCIONES QUE NO SON MUY REALISTAS

- I **COULD SLEEP** forever; I am too tired.
  ***PODRÍA DORMIR** ETERNAMENTE, ESTOY DEMASIADO CANSADO.*
- I am so tired, that I **COULD** have **SLEPT** for a whole life.
  *ESTOY TAN CANSADO QUE **PODRÍA HABER DORMIDO** DURANTE TODA UNA VIDA.*

15.9. WAS O WERE ABLE TO

CUANDO HABLAMOS DE UNA SITUACIÓN ESPECÍFICA O PUNTUAL.

ENLAZA CON EL INFINITIVO DEL VERBO PRINCIPAL CON LA PREPOSICIÓN _TO.

- Fortunately, **the forestry brigade WERE ABLE TO PUT OUT** the forest fire.
  *AFORTUNADAMENTE LA BRIGADA FORESTAL **FUE CAPAZ DE SOFOCAR** EL INCENDIO FORESTAL.*

- We WERE ABLE **TO FIND** the restaurant in the end.
  *AL FINAL, FUIMOS **CAPACES DE ENCONTRAR** EL RESTAURANTE.*

EN FRASES AFIRMATIVAS Y EN SITUACIONES PUNTUALES, NO USAMOS NUNCA EL CONDICIONAL COULD.

- Fortunately, ~~everyone COULD escape~~ from the forest fire.

- ~~We COULD find~~ the restaurant in the end.

TIEMPO DE PRESENTE

EN FRASES NEGATIVAS USAMOS COULD EN CUALQUIER SITUACIÓN TANTO ESPECÍFICA COMO PUNTUAL.

- When she was young, she **COULDN´T RIDE** on a bicycle.
  *CUANDO ERA JOVEN, **NO PODÍA** MOTAR EN BICICLETA.*

- She plays well, but last time she **COULD NOT DO** it.
  *ELLA TOCA BIEN, PERO LA ÚLTIMA VEZ **NO PUDO** HACERLO.*

15.10. WOULD AND WOULD HAVE

CUANDO HABLAMOS DE UNA SITUACIÓN ESPECÍFICA O PUNTUAL.

ENLAZA CON EL INFINITIVO DEL VERBO PRINCIPAL SIN LA PREPOSICIÓN _TO.

CUANDO IMAGINAMOS ACCIONES O SITUACIONES FICTICIAS.

WOULD

- It **WOULD BE** nice to buy a house with sea views.
  SERÍA AGRADABLE COMPRAR UNA CASA CON VISTAS AL MAR.

MOSTRAMOS DISPOSICION A REALIZAR ALGO EN EL FUTURO.

- My brother **WOULD LIKE** to go to the Galapagos Islands on holiday
  A MI HERMANO LE GUSTARÍA IR A LAS GALÁPAGOS DE VACACIONES.

EN LAS CONDICIONALES, EXPRESA UNA IDEA DE VOLUNTAD, DE ACEPTACIÓN, DE PREFERENCIA.

- She **WOULD GO** to the tennis match if you asked her.
  ELLA IRÍA AL PARTIDO DE TENNIS SI SE LO PREGUNTARAS.

USO CONJUNTO CON WISH PARA EXPRESAR UN DESEO.

- I wish she **WOULD PHONE** me
  OJALÁ ELLA ME LLAMARA POR TELÉFONO.

WOULD HAVE

CUANDO HABLAMOS DE UNA SITUACIÓN ESPECÍFICA O PUNTUAL.

CUANDO IMAGINAMOS ACCIONES O SITUACIONES EN EL PASADO QUE NO OCURRIERON.

- Peter **WOULD HAVE PHONED** me, but he didn't have my phone number.
  PETER ME HUBIERA LLAMADO, PERO NO TENÍA MI NÚMERO DE TELÉFONO.

WOULD vs WOULD HAVE

- Peter **WOULD TAKE** public transport, but **HE HAS NO** money.
  PETER COGERÍA EL TRANSPORTE PÚBLICO, PERO NO TIENE DINERO.

- Peter **WOULD HAVE TAKEN** a taxi, if he had brought the credit card.
  PETER HABRÍA COGIDO UN TAXI, SI HUBIERA TRAÍDO TARJETA DE CRÉDITO.

UNIT 16 — LA INTERROGATIVA

EN LA INTERROGATIVA, EL SUJETO DE LA ORACIÓN SUELE POSICIONARSE DETRÁS DEL PRIMER VERBO (AUXILIAR), SE CONOCE COMO **INVERSIÓN**.

16.1. LA INTERROGATIVA

SU CONSTRUCCIÓN DEPENDERÁ, SI EL ENUNCIADO DE LA FRASE CONTIENE VERBOS AUXILIARES O NO.

FRASE COMPUESTA POR UN VEBO AUXILIAR

AUXILARY VERBS

TAL Y COMO YÁ CONOCÍAMOS, LA INTERROGATIVA SE CONSTRUYE **INVIRTIENDO LA POSICIÓN DEL PRIMER VERBO AUXILIAR, CON EL SUJETO**.

- **IS SHE** WORKING this morning?
  ¿ESTÁ TRABAJANDO ESTA MAÑANA?
- **HAVE YOU BEEN** studying English?
  ¿HAS ESTADO ESTUDIANDO INGLÉS?

FRASE COMPUESTA POR UN VEBO ORDINARIO.

EN ESTE CASO LA INTERROGATIVA SE CONSTRUYE HACIENDO USO DE LOS AUXILIARES **DO – DOES (PRESENTE) y DID (PASADO)**

ORDINARY VERBS

- Where **DO YOU COME** from?
  ¿DE DÓNDE VIENES?
- What **DOES THIS WORD MEAN**?
  ¿QUÉ SIGNIFICA ESTA PALABRA?
- **DO YOU WANT** a cup of coffee?
  ¿QUIERES UNA TAZA DE CAFÉ?
- **DID THEY WATCH** a film?
  ¿VIERON UNA PELICULA?

16.2. LA INTERROGATIVA NEGATIVA

USAMOS LA <u>INTERROGATIVA NEGATIVA</u>, ESPECIALMENTE **PARA DEMOSTRAR SORPRESA…**

- **DIDN´T YOU DO** your homework?
  ¿NO HICISTES TU TAREA?
- **HAVEN´T YOU BEEN** to Paris yet?
  ¿NO HAS ESTADO AÚN EN PARIS?
- **DON´T YOU HEAR** the dog barking?
  ¿NO OYES AL PERRO LADRANDO?

GRAMMAR. SU ESTRUCTURA ES IDÉNTICA A LA INTERROGATIVA DEL APT. 16.1. **SALVO POR LA PARTÍCULA NOT.**

VINCIS. CENTRO DE ESTUDIOS

WHO?
QUIÉN?
WHAT?
¿QUE?
WHICH?
¿QUE? ¿O CUAL?
WHOSE?
¿DE QUIÉN?
WHERE?
¿DÓNDE?

16.3. LOS PRONOMBRES INTERROGATIVOS

CUANDO ESTOS PRONOMBRES INTERROGATIVOS SON EL SUJETO DE LA ORACIÓN, **NO SE USAN LOS AUXILIARES DO, DOES O DID**, PARA LA CONSTRUCCIÓN DE LA NEGATIVA E INTERROGATIVA.

- **WHO** saw you at the reception this morning?
  QUIEN TE VIÓ EN LA RECEPCIÓN ESTA MAÑANA.
- **WHAT** happened to your son last weekend?
  ¿QUE LE OCURRIÓ A TU HIJO EL FIN DE SEMANA PASADO?
- **WHICH** train goes to Algeciras?
  ¿ QUÉ TREN VA A ALGECIRAS.

GRAMMAR. EN RESÚMEN, NO OBSERVAREMOS LA INVERSIÓN DEL AUXILIAR Y EL SUJETO.

16.4. PRONOMBRES II

NO OBSTANTE, CUANDO ESOS PRONOMBRES **NO SE ENCUENTRAN** AL PRINCIPIO DE LA ORACIÓN, SE **CONSTRUYEN COMO SI DE UNA AFIRMATIVA SE TRATASE**.

CAN YOU TELL ME?
DO YOU KNOW IF?
DO YOU THINK?
I DON´T REMEMBER
I NOW
DO YOU HAPPEN TO KNOW?

- Do you know WHERE YOUR WIFE IS from?
  ¿SÁBES DE DÓNDE ES TU ESPOSA?
- Can you tell me WHAT YOU WANT to talk about?
  ¿PUEDES DECIRME DE QUÉ QUIERES HABLAR?
- Do you happen to know IF YOUR FATHER IS at home?
  ¿SABRÍAS DECIERME SI TU PADRE ESTÁ EN CASA?
- I don´t remembrer WHAT THE WEATHER WAS like.
  NO RECUERDO CÓMO FUE EL TIEMPO.

GRAMMAR. OBSERVAD COMO EL PRONOMBRE INTERROGATIVO VIENE PRECEDIDO POR UNA ORACIÓN.

16.5. PREPOSICIONES

EN ESTAS INTERROGATIVAS, **LAS PREPOSICIONES SUELEN IR AL FINAL DE LA FRASE.**

- Where were you **BORN**?
  ¿ DÓNDE NACISTES?
- What do you want to discuss **ABOUT**?
  ¿DE QUÉ QUIERES DISCUTIR?
- What was the weather **LIKE,** in the Dominican Republic?
  ¿CÓMO FUE EL TIEMPO EN LA REPÚBLICA DOMINICANA?

16.6. «WHAT» VS «HOW»

WHAT ES UN PRONOMBRE INTERROGATIVO QUE PODEMOS USAR EN EXCLAMACIONES, **PARA EXPRESAR CON ÉNFASIS CUALQUIER SENTIMIENTO U OPINIÓN.**

NO LO USAREMOS JAMÁS COMO PRONOMBRE RELATIVO.

WHAT

WHAT A/AN + SUSTANTIVO

- **WHAT LANDSCAPES** you have in this country¡
  ¡QUÉ PAISAJES TENÉIS EN ESTE PAÍS!
- **WHAT** a **PITY** not to have gone!
  ¡QUÉ PENA NO HABER IDO!
- **WHAT** a **SHAME**!
  ¡MENUDA VERGUENZA!

> **OPOSICIONES.** ESTE APARTADO 16.6., SUELE SER PREGUNTA DE EXÁMEN.

WHAT A/AN + ADJETIVO + SUSTANTIVO

- **WHAT** a **CRAZY LIFE** you have¡
  QUE VIDA TAN LOCA TIENES.
- **WHAT** an **INTERESTING GIRL**¡
  QUE CHICA TAN INTERESANTE.
- **WHAT** a **LOVELY PARENTS**¡
  QUE PADRES TAN ENCANTADORES.
- **WHAT AN INCREDIBLE SURPRISE** awaits you when you get home¡
  ¡QUE INCREIBLE SORPRESA TE AGUARA CUANDO LLEGUES A CASA!

HOW

HOW LO PODEMOS EMPLEAR IGUALMENTE EN **EXCLAMACIONES**.

HOW + ADJETIVO O ADVERBIO

- **HOW CRAZY** you are¡
  ¡QUE LOCO ESTAS!
- **HOW INTERESTING is** that **GIRL**!
  ¡QUÉ INTERESANTE ES ESA CHICA!
- **HOW HORRIBLE** was last night's **NIGHTMARE**.
  ¡QUÉ HORRIBLE FUE LA PESADILLA DE ANOCHE!
- **HOW OBTUSE** your colleague can be¡
  ¡QUÉ OBTUSO PUEDE SER TU COLEGA ¡

> **TRICK.** HOW NUNCA PRECEDE AL ARTÍCULO INDETERMINADO A/AN, SEGUIDO DE SUSTANTIVO.

HOW + SUJETO + VERBO

- How **YOU DRIVE**!
  ¡CÓMO CONDUCES!

VINCIS. CENTRO DE ESTUDIOS

UNIT 17 — LA VOZ PASIVA

PONE DE RELIEVE LA ACCIÓN EN SÍ MISMA, Y A QUIÉN O A QUÉ AFECTA.
SE CONSTRUYE CON EL **PARTICIPIO PASADO** DEL VERBO PRINCIPAL.

ESTRUCTURA | **SUJETO + «TO BE» + VERBO PRINCIPAL EN PARTICIPIO PASADO**

SU ESTRUCTURA DEPENDERÁ DEL TIEMPO VERBAL.

> OPOSICIONES. SUELE SER PREGUNTA DE EXÁMEN.

INFINITIVO.

BE + PARTICIPIO PASADO

WE CAN HEAR THE MUSIC FROM A LONG WAY AWAY.
THE MUSIC CAN BE HEARD from a long way away.
LA MÚSICA PUEDE OIRSE DESDE MUY LEJOS.

THE ROOM SERVICE COULD CLEAN THE HOTEL ROOM.
THE HOTEL ROOM COULD BE CLEANED.
LA HABITACIÓN DEL HOTEL PODRÍA SER LIMPIADA.

SOMEONE MUST DO SOMETHING BEFORE IT´S LATE.
SOMETHING MUST BE DONE, before it´s late.
ALGO DEBE HACERSE ANTES DE QUE SEA TARDE.

> GRAMMAR. PARA LA INTERROGATIVA SOLO TENEMOS QUE HACER LA INVERSIÓN DEL VERBO AUXILIAR CON EL SUJETO

PRESENTE SIMPLE

AM/ IS/ ARE + PARTICIPIO PASADO

The mining sector **EMPLOYS** approximately **one hundred people**.
EL SECTOR MINERO EMPLEA APROXIMADAMENTE A CIEN PERSONAS.

SUJETO → OBJETO

Approximately, **one hundred people ARE EMPLOYED by** the mining sector in Nerva.
APROXIMADAMENTE 100 PERSONAS SON EMPLEADAS POR EL SECTOR MINERO EN NERVA.

Cheese **IS MADE** from milk
EL QUESO SE FABRICA DE LA LECHE.

A summer Cinema is a place where films **ARE SHOWN** at night.
UN CINE DE VERAN ES UN LUGAR DÓNDE SE REPRODUCEN PELÍCULAS DE NOCHE.

How **IS** that word **PRONOUNCED** in German?
¿CÓMO SE PRONUNCIA ESTA PALABRA EN ALEMÁN?

FUTURO SIMPLE

WILL BE + PARTICIPIO PASADO

- My life **WILL BE WRITTEN** one day
  MI VIDA SE ESCRIBIRÁ ALGÚN DÍA.
- My package **WILL BE DELIVERED** on time.
  MI PAQUETE SERÁ ENTREGADO A TIEMPO.
- Its life **WILL BE EXTINGUISHED** soon, I´m afraid.
  SU VIDA SE EXTINGUIRÁ PRONTO, ME TEMO.

PASADO SIMPLE

WAS/ WERE + PARTICIPIO PASADO

- I **WAS** not **SELECTED** at the University meeting.
  NO FUI SELECCIONADO EN LA REUNIÓN DE LA UNIVERSIDAD.
- These paintings **WERE PAINTED** by Van Gogh.
  ESTOS CUADROS FUERON PINTADOS POR VAN GOHG.
- How much money **WAS STOLEN** in the robbery?
  ¿CUÁNTO DINERO FUE ROBADO EN EL ROBO?

PRESENTE CONTINUO

AM/ IS/ ARE + BEING + PARTICIPIO PASADO

- My motorbike **IS BEING FIXED** by the mechanic.
  MI MOTOCICLETA ESTÁ SIENDO ARREGLADA POR EL MECÁNICO.
- My wooden house **IS** NOT **BEING CLEANED** at the moment
  MI CASA DE MADERA NO ESTÁ SIENDO LIMPIADA EN ESTE MOMENTO.
- I am afraid, you **ARE BEING FOLLOWED**
  ME TEMO QUE ESTÁS SIENDO SEGUIDO.

PASADO CONTINUO

WAS/ WERE + PARTICIPIO PASADO

- The forest fire **WAS BEING CONTROLLED**.
  EL INCENDIO FORESTAL ESTABA SIENDO CONTROLADO.
- My parents **WERE BEING PICKED UP** by the taxi driver at that moment.
  MIS PADRES ESTABAN SIENDO RECOGIDOS POR EL TAXISTA EN ESOS MOMENTOS.
- The plane **WAS BEING REFUELED** for the flight.
  EL AVÍÓN ESTABA SIENDO REPOSTADO PARA EL VUELO.

PRESENTE PERFECTO

HAVE/ HAS + BEEN + PARTICIPIO PASAD

The car HAS BEEN DAMAGED in the accident.
*EL COCHE **HA SIDO DAÑADO** EN EL ACCIDENTE.*
They HAVEN´T BEEN INVITED to the opening.
*ELLOS **NO HAN SIDO INVITADOS** A LA APERTURA.*
HAVE YOUR jeans BEEN WASHED?
*¿**HAN SIDO LAVADOS** TUS VAQUEROS?*

PASADO PERFECTO

HAD + BEEN + PARTICIPIO PASADO

The apartment HAD ALREADY BEEN RENTED by the agency
*EL APARTAMENTO **HABÍA SIDO YA ALQUILADO** POR LA AGENCIA.*
The vegetables didn´t taste good, they HAD BEEN COOKED too long.
*LAS VERDURAS NO SUPIERON BIEN, **HABÍAN SIDO COCINADAS** DEMASIADO TIEMPO.*
The bicycle HADN´T BEEN USED very much.
*LA BICI **NO HABÍA SIDO USADA** MUCHO.*

UNIT 18 — EL ESTILO INDIRECTO _ REPORTED SPEECH

EXPRESA EN EL PRESENTE, LO QUE ALGUIÉN PREVIAMENTE, COMENTÓ EN EL PASADO.

> **GRAMMAR.** COMO NORMA GENERAL EN EL REPORTED SPEECH LA FRASE SE ENCUENTRA EN TIEMPO PASADO.

EL ESTILO INDIRECTO.

TRANSFORMAREMOS **EL TIEMPO VERBAL, EL PRONOMBRE PERSONAL SUJETO Y OBJETO, LOS PRONOMBRES POSESIVOS, ASÍ COMO LAS EXPRESIONES TEMPORALES,** QUE PODEMOS VER AL FINAL DE LA UNIDAD.

EL PRESENTE SIMPLE

- **I AM** HAPPY TO SEE **YOU**"
  ESTOY FELIZ DE VERTE.
- **MY** DAUGHTER **IS** BUSY **TONIGHT**.
  MI HIJA ESTÁ OCUPADA ESTA NOCHE.

> **REPORTED SPEECH.** SUELE SER PREGUNTA DE EXÁMEN EN LAS OPOSICIONES.

PASADO SIMPLE

EL **PRESENTE SIMPLE** LO TRANSFORMAREMOS EN **PASADO SIMPLE**.

CAROLINE **SAID** (THAT) ... **CAROLINE DIJO...**

- **SHE WAS** happy to see **ME**'.
  ESTABA FELIZ DE VERME
- **HER** daughter **WAS** busy **THAT NIGHT**.
  SU HIJA ESTABA OCUPADA ESA NOCHE

EL PASADO SIMPLE

- **I WAS** DELIGHTED TO SEE **YOU** AGAIN
  ESTUVE ENCANTADO DE VOLVERTE A VER

PASADO SIMPLE
PASADO PERFECTO

EL **PASADO SIMPLE** LO TRANSFORMAREMOS A **PASADO PERFECTO**; AUNQUE PUEDE PERMANECER INVARIABLE.

CAROLINE **SAID** (THAT) ...

- **SHE WAS** delighted to see **ME** again.
- **SHE HAD BEEN** delighted...
  SU HIJA ESTABA O HABÍA ESTADO ENCANTADA DE VERME DE NUEVO.

VINCIS. CENTRO DE ESTUDIOS

PRESENTE CONTINUO

- **MY** PARENTS **ARE LEARNING** ENGLISH **NOW**.
  MIS PADRES ESTÁN APRENDIENDO INGLÉS AHORA.

PASADO CONTINUO

EL **PRESENTE CONTINUO** LO TRANSFORMAREMOS A **PASADO CONTINUO**.

CAROLINE **SAID (THAT)**

- **HER** parents **WAS LEARNING** English **THEN** OR **AT THE MOMENT**.
  ESTOY APRENDIENDO INGLÉS ENTONCES O EN ESE MOMENTO.

PASADO CONTINUO

- **I WAS WALKING** ALONG THE STREET.
  ESTABA PASEANDO POR LA CALLE.

PASADO PERFECTO CONTINUO

EL **PASADO CONTINUO** LO TRANSFORMAREMOS A **PASADO PERFECTO CONTINUO**.

CAROLINE **TOLD ME (THAT)**

- **SHE HAD BEEN WALKING** along the street.
  HABÍA ESTADO PASEANDO POR LA CALLE.

PRESENTE Y PASADO PERFECTO

- **I HAVE BEEN** TO CÁDIZ TWICE.
  HE ESTADO EN CÁDIZ DOS VECES.
- **I HADN´T BEEN** IN LOVE BEFORE **THIS** TIME.
  NO HABÍA ESTADO ENAMORADA ANTES.

PASADO PERFECTO.

EL **PRESENTE Y PASADO PERFECTO** LO TRANSFORMAREMOS A **PASADO PERFECTO**

CAROLINE **SAID** that ...

- **SHE HAD BEEN** to Cádiz twice.
- **SHE HAD NOT BEEN** in love before **THAT** time.

VINCIS. CENTRO DE ESTUDIOS

PRESENTE Y PASADO PERFECTO CONTINUO

I HAVE BEEN TAKING LESSONS SINCE I MOVED TO **THIS** TOWN.
LLEVO TOMANDO LECCIONES DESDE QUE ME MUDÉ A ESTA CIUDAD.

I HAD BEEN WORKING HARD ALL **MY** LIFE.
HE TRABAJADO DURO TOMA MI VIDA.

PASADO PERFECTO CONTINUO

CAROLINE **SAID** that …

SHE HAD BEEN TAKING LESSONS SINCE I MOVED TO **THIS** TOWN.
HABÍA ESTADO TOMANDO LECCIONES DESDE QUE SE MUDÓ A ESTA CIUDAD.

SHE HAD BEEN WORKING HARD ALL **HER** LIFE.
ELLA HABÍA ESTADO TRABAJANDO DURO TODA SU VIDA.

EL FUTURO SIMPLE

PETER **WILL** GO TO THE THEATRE **TOMORROW**.
PETER IRÁ AL TEATRO

CONDICIONAL

CAROLINE **SAID** that …

PETER WOULD GO TO THE THEATRE **THE NEXT DAY** OR **THE FOLLOWING DAY.**
QUE PETER IRÍA AL TEATRO EL PRÓXIMO DÍA

LOS MODALES

I **CAN** SPEAK PERFECT ENGLISH OR ENGLISH PERFECTLY.
PUEDO HABLAR UN INGLÉS PERFECTO OR PUEDO HABLAR PERFECTAMENTE.

MY CHILDREN MUST STUDY MATH AT THE WEEKEND.
DEBO ESTUDIAR MATEMÁTICAS EN EL FIN DE SEMANA.

I **MAY** COME OUT WITH SOPHIE TONIGHT
PUEDE QUE SALGA CON SOPHIE ESTA NOCHE.

CONDICIONAL

CAROLINE **SAID** that …

SHE COULD SPEAK PERFECT ENGLISH.
ELLA PODÍA HABLAR UN INGLÉS PERFECTO

HER CHILDREN MUST or **HAD TO** STUDY MATH AT THE WEEKEND.
SUS HIJOS DEBEN O TENÍAN QUE ESTUDIAR MATEMATICAS EL FIN DE SEMANA.

SHE MIGHT COME OUT WITH SOPHIE THAT NIGHT.
PUEDE QUE SALIERA CON SOPHIE ESA NOCHE.

PERMANECEN INVARIABLES

COULD, WOULD, SHOULD Y MIGHT.

DIRECT QUESTION

DIRECT QUESTION. UNA PREGUNTA DIRECTA HECHA EN EL PRESENTE.

- **IS HE** FREE **TONIGHT**?
  ¿ESTÁS LIBRE ESTA NOCHE?
- HOW **CAN I GET** TO THE DANUBE? PLEASE.
  ¿CÓMO PUEDO LLEGAR AL DANUBIO, POR FAVOR?
- WHAT **DID YOU DO** ON THE CRUISE, **LAST WEEKEND**?
  ¿QUÉ HICISTES EN EL CRUCERO EL FIN DE SEMANA PASADO?

REPORTED QUESTION

REPORTED QUESTIO. EN EL REPORTED QUESTION CAMBIAMOS EL TIEMPO VERBAL A PASADO SIMPLE.

CAROLINE **ASKED ME IF...**

... **HE WAS** FREE **THAT NIGHT**.
SI ESTABA LIBRE ESA NOCHE.
... HOW **SHE** COULD GET TO THE DANUBE.
CÓMO PODÍA LLEGAR AL DANUBIO.

CAROLINE **WANTED TO KNOW...**
... WHAT **I HAD DONE** ON THE CRUISE **THE WEEKEND BEFORE**.
QUÉ HABÍA HECHO EN EL CRUCERO EL FIN DE SEMANA ANTERIOR.
... WHAT **I DID** ON THE CRUISE **THE PREVIOUS WEEKEND**.
QUÉ HICE EN EL CRUCERO EL ANTERIOR FIN DE SEMANA.

REQUESTS _ PETICIONES

REQUESTS. CUANDO ALGUÍEN NOS PIDE DE FORMA EDUCADA HACER O NO ALGO.

- **COULD** YOU **CLOSE** THE MAIN DOOR, PLEASE?
  PODRÍAS CERRAR LA PUERTA PRINCIPAL, POR FAVOR.
- **PLEASE DON´T BE** LATE.
  POR FAVOR NO LLEGUÉIS TARDE.

REPORTED REQUESTS

REPORTED REQUESTS. EN EL REPORTED QUESTION CAMBIAMOS EL TIEMPO VERBAL A PASADO SIMPLE.

- SHE ASKED ME **TO CLOSE** the main door.
  ELLA ME PIDIÓ QUE CERRARA LA PUERTA PRINCIPAL.
- SHE ASKED US **NOT TO BE** late.
  ELLA NOS PIDIÓ QUE NO LLEGARAMOS TARDE.

ORDERS _ ÓRDENES

ORDERS. CUANDO SE NOS ORDENA HACER ALGO O NO.

- **GO TO** bed.
  VETE A LA CAMA.
- **DON´T DO THIS**.
  NO HAGAS ESTO.
- **DON´T** smoke **HERE.**
  NO FUMES AQUÍ.

REPORTED ORDERS

REPORTED ORDERS. LA CONVERSIÓN AL ESTILO INDIRECTO LA HACEMOS EXACTAMENTE IGUAL QUE EN EL REPORTED REQUESTS.

- I TOLD my daughter **TO GO TO** bed.
  LE DIJE A MI HIJA QUE SE FUERA A LA CAMA.
- My mother ASKED me **NOT TO DO THAT**.
  MI MADRE ME PIDIÓ QUE NO HICIERA ESO.
- My girlfriend TOLD me **NOT TO SMOKE THERE.**
  MI NOVIA ME DIJO QUE NO FUMARA.

EXPRESIONES TEMPORALES _ LUGAR (HERE_THERE)

TODAY	THAT DAY, YESTERDAY.
TONIGHT	THAT NIGHT
TOMORROW	THE NEXT DAY OR THE FOLLOWING DAY, TODAY.
LAST WEEK	THE WEEK BEFORE OR THE PREVIOUS WEEK
YESTERDAY	THE DAY BEFORE
NOW	THEN / AT THE MOMENT
THIS	THAT
HERE	THERE

YESTERDAY. CUANDO SE COMENTA JUSTO EN EL DÍA DE HOY.

TODAY. CUANDO SE COMENTÓ JUSTO EN EL DÍA DE AYER

EXCEPCIONES. CUANDO LA SITUACIÓN PERSISTE Y NO HA CAMBIADO, NO ES NECESARIO CAMBIAR EL TIEMPO VERBAL.

- My sister is sick in Hospital.
  CAROLINE SAID ...
      HER SISTER IS SICK IN HOSPITAL.
  SU HERMANA ESTA ENFERMA EN EL HOSPITAL, Y AÚN CONTINÚA INGRESADA.

UNIT 19 — USED TO

ACCIONES O SITUACIONES HABITUALES DEL PASADO, **QUE A DÍA DE HOY YA NO LAS REALIZAMOS.**

ESTRUCTURA | **SUJETO + «USED TO» + INFINITIVO + COMPLEMENTO**

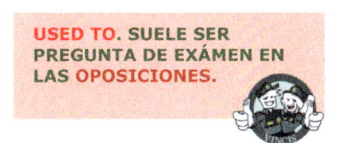

> **USED TO.** SUELE SER PREGUNTA DE EXÁMEN EN LAS **OPOSICIONES**.

19.1. AFIRMATIVA

COMO VEMOS SU ESTRUCTURA ES LA DE UN **PASADO SIMPLE**.

- We **USED TO BE** very good friends when I was a child.
  SOLÍAMOS SER MUY BUENOS AMIGOS, CUANDO ERA CRIO.
- I **USED TO WEAR** glasses, but nowadays I don´t need them.
  SOLÍA LLEVAR GAFAS, PERO A DÍA DE HOY NO LAS NECESITO
- It´s exactly what Mary **USED TO DO**.
  ES EXÁCTAMENTO LO QUE MARY **HACÍA**.

> **TAMBIÉN PUEDE EXPRESAR UNA COSTUMBRE O HABITUABILIDAD**
>
> - When I went on holiday to Paris, I **USED TO EAT** a croissant every morning.
>   CUANDO FUI DE VACACIONES A PARÍS, COMÍA UN CROISSANT TODAS LAS MAÑANAS.

NEGATIVA

EN LA NEGATIVA E INTERROGATIVA INTERVIENE EL VERBO AUXILIAR **«DID»**.

> **«DID»** AL TENER ESTRUCTURA DE **PASADO SIMPLE**, CON EL USO DE ESTE AUXILIAR EL VERBO PRINICIPAL ESTÁ EN INFINITIVO.

- This is a relic of how things **DIDN´T USE TO BE.**
  ESTA ES UNA RELIQUIA DE CÓMO LAS COSAS NO SOLÍAN SER
- People **DIDN´T USE TO THINK** the world was like this.
  LA GENTE NO PENSABA QUE EL MUNDO ERA COMO ESTE.
- We **DIDN´T USE TO HAVE** dogs at home.
  NO SOLÍAMOS TENER PERROS EN CASA.

INTERROGATIVA

- **DID** you **USE TO PLAY** football when you were young?
  ¿**SOLÍAS JUGAR** AL FUTBOL CUANDO ERAS JOVEN?
- **DID** this park **USE TO BE** a special place for your family?
  ¿**ERA ESTE PARQUE** UN LUGAR ESPECIAL PARA TU FAMILIA?
- **ISN´T** this place where you **USED TO LIVE?**
  ¿NO ES ESTE SITIO **DÓNDE VIVÍAS**?

UNIT 19.2 — BE USED TO vs GET USED TO

CUANDO ESTAMOS ACOSTUMBRADOS A ALGO, O A HACER ALGO.

ESTRUCTURA: SUJETO + «TO BE» + «USED TO» + GERUNDIO +

AFIRMATIVA

- We are **USED TO SWIMMING** every morning.
  ESTAMOS ACOSTUMBRADOS A NADAR TODAS LAS MAÑANAS.
- I´ve always been **USED TO THE GOOD LIFE**.
  SIEMPRE HE ESTADO ACOSTUMBRADO A LA BUENA VIDA.

GRAMMAR. UNA DIFERENCIA FUNDAMENTAL ES EL USO DEL VERBO PRINCIPAL EN GERUNDIO.

NEGATIVA

- She WAS **not USED TO LUXURY HOTELS**.
  NO ESTABA ACOSTUMBRADA A LOS HOTELES DE LUJO.
- When you are forensic, you are´t really **USED TO SEEING ANYTHING**.
  CUANDO ERES FORENSE, REALMENTE NO TE ACOSTUMBRAS A VER CUALQUIER COSA.

INTERROGATIVA

- ARE you **USED TO COOKING** for many people?
  ¿ESTAS ACOSTUMBRADO A COCINAR PARA MUCHA GENTE?

ESTRUCTURA: SUJETO + TO GET + USED TO + GERUNDIO + COMPLEMENTO

NOS REFERIMOS AL PROCESO DE ACOSTUMBRARNOS.

AFIRMATIVA

- I have to **GET USED TO DRINKING** milky tea now that I live in U.K.
  TENGO QUE ACOSTUMBRARME A BEBER TEA AHORA QUE VIVO EN U.K.
- I never **GOT USED TO THE BAD WEATHER** when I lived in London.
  NUNCA ME ACOSTUMBRÉ AL MAL TIEMPO CUANDO VIVÍ EN LONDRES.
- Are you **GETTING USED** TO **YOUR NEW ROUTINE**?
  ¿TE ESTÁS ACOSTUMBRADO A TU NUEVA RUTINA?

ESTRUCTURA: SUJETO + TO USE + COMPLEMENTO

TO USE — USAR

19.3. TO USE_USAR
- This is the map **I USED TO FIND** the treasure.
  ESTE ES EL MAPA QUE USÉ PARA ENCONTRAR EL TESORO.

GRAMMAR. PASADO SIMPLE DE VERBO TO USE (USAR)

PARTICIPIO PASADO _ VOZ PASIVA
- A thermometer **IS USED** to measure temperature.
  UN TERMÓMETRO SE UTILIZA PARA MEDIR LA TEMPERATURA.

UNIT 20 — QUESTION TAGS

PREGUNTAS CORTAS QUE SE AÑADEN AL FINAL DE LA FRASE CUANDO NO ESTAMOS SEGUROS DE CIERTA INFORMACIÓN Y **QUEREMOS CONFIRMACIÓN POR EL OYENTE.**
O BIEN, **HACEMOS UNA PREGUNTA RETÓRICA.**

ESTRUCTURA — **VERBO AUXILIAR + PRONOMBRE PERSONAL?**

EN LA CONSTRUCCIÓN DE UNA QUESTION TAG, COMO NORMA GENERAL, TENEMOS QUE TENER EN CUENTA EL SENTIDO DE LA FRASE.

FRASE POSITIVA _ QUESTION TAG NEGATIVA

- Your cat **IS** so gorgeous, **ISN'T HE?**
  TU GATO ES TAN HERMOSO, ¿NO?
- His name **IS** Excalibur, **ISN'T IT?**
  SU NOMBRE ES EXCALIBUR, ¿NO?
- You **KNOW** how to cook, **DON'T YOU?**
  SABES COMO COCINAR, ¿NO?

GRAMMAR. NORMA GENERAL, LA QUESTION TAG LA CONSTRUIREMOS EN SENTIDO CONTRARIO A LA FRASE ORIGINAL.

FRASE NEGATIVA _ QUESTION TAG POSITIVA

- You **DON'T** drink coffee, **DO YOU?**
  NO BEBES CAFÉ, ¿NO?
- You **HAVEN'T** got anything, **HAVE YOU?**
  NO TIENES NADA, ¿NO?

OPOSICIONES. ESTA UNIDAD SUELE SER PREGUNTA DE EXÁMEN.

VERBOS AUXILIARES.

SI LA ORACIÓN CONTIENE UN VERBO AUXILIAR, LA **QUESTION TAG** SE FORMULA CON ESTOS.

VERBOS AUXILIARES

- You **HAVE** just **fed** him, **HAVEN'T YOU?**
  ACABAS DE ALIMENTARLO, ¿NO?
- Your puppy **HAD BEEN** the most awake of all, **HADN'T IT?**
  TU CACHORRO HABÍA SIDO EL MÁS DESPIERTO DE TODOS, ¿NO?

EN AQUELLOS FRASES EN LAS QUE NO APARECEN LOS VERBOS AUXILIARES, UTILIZAMOS **DO/ DOES y DID**.

GRAMMAR. RECORDEMOS QUE ESTO PUEDE OCURRIR EN LAS FRASES AFIRMATIVAS EN EL PRESENTE Y PASADO SIMPLE

DO _ DOES _ DID

- She **RUNS** really fast, **DOESN'T SHE?**
  ELLA CORRE REALMENTE RÁPIDO, ¿NO ES VERDAD?
- They **DON'T LIVE** in San Francisco, **DO THEY?**
  NO VIVEN EN SAN FRANCISCO, ¿NO?
- You **ATE** my chocolate, **DIDN'T YOU?**
  TE COMISTE MI CHOCOLATE, ¿NO?
- It **DIDN'T** rain last weekend, **DID IT?**
  NO LLOVIÓ EL ÚLTIMO FIN DE SEMANA, ¿LO HIZO?

LOS MODALES

GRAMMAR. RECORDEMOS QUE LOS MODALES NO SON NI MÁS NI MENOS QUE VERBOS AUXILIARES.

- The parrot **CAN'T** talk, **CAN HE?**
  EL LORO NO PUEDE HABLAR, ¿NO?
- The story **COULD** be true, **COULDN'T IT?**
  LA HISTORIA PODRÍA SER CIERTA, ¿NO?

HAVE vs HAVE GOT

GRAMMAR. TENDREMOS QUE DISTINGUIR SI EL VERBO «TO HAVE» HACES LA VECES DE VERBO PRINCIPAL O AUXILIAR.

VERBO PRINCIPAL

CUANDO «**HAVE O HAS**» SON LOS VERBOS PRINCIPALES EN LA ORACIÓN.
LA QUESTION TAG SE FORMA CON LOS AUXILIARES.

- Thank God, **she HAD** a great idea, **DIDN'T SHE?**
  GRACIAS A DIOS, ELLA TUVO UNA MAGNÍFICA IDEA, ¿NO?
- **They don't HAVE** the slightest idea what loyalty is, **DO THEY?**
  ELLOS NO TIENEN NI LA MENOR IDEA DE LO QUE ES LA LEALTAD, ¿NO?

VERBOS AUXILIAR

CUANDO «**HAVE O HAS**» SON AUXILIARES.
LA QUESTION TAG SE FORMA CON ÉSTOS.

- He **HAS GOT** a hamster, **HASN'T HE?**
  TIENE UN HAMSTER, ¿NO ES ASÍ?
- They **HAVE GOT** a nightmare, **HAVEN'T THEY?**
  ELLOS TIENEN UNA PESADILLA ¿NO ES VERDAD?

ADVERBIOS DE FRECUENCIA

HARDLY
BARELY
RARELY
SELDOM
NEVER

ESTOS ADVERBIOS QUE TIENE UNA **CONNOTACIÓN NEGATIVA**, AL IGUAL QUE ALGUNOS PRONOMBRES INDEFINIDOS QUE VEREMOS A CONTINUACIÓN, FORMAN LA QUESTION TAG EN POSITIVO.

- We HARDLY help with the housework, **DO WE?**
  APENAS AYUDAMOS CON LAS LABORES DEL HOGAR, ¿NO?

UNIT 20.2. EXCEPCIONES

I AM NOT. AM I?

I AM NOT a good friend, **AM I?**
NO SOY UN BUEN AMIGO, ¿NO?

I AM / AREN´T I?

NO OBSTANTE, UN SUJETO DE LA PRIMERA PERSONA DEL SINGULAR DEL VERBO "TO BE" **EN FRASES AFIRMATIVAS** ES **AREN´T I?**

I AM the best student in the class, **AREN'T I?**
SOY EL MEJOR ESTUDIANTE DE LA CLASE, ¿NO ES ASÍ?

EL IMPERATIVO. WILL YOU?

IMPERATIVO WILL YOU?

CON EL IMPERATIVO LA QUESTION TAG ES, **WILL YOU?**

PASS me that pen, **WILL YOU?**
PÁSAME EL BOLIGRAFO, ¿SÍ?
DON'T be late, **WILL YOU?**
NO LLEGUES TARDE, ¿LO HARÁS?

GRAMMAR. CON INDEPENDENCIA DEL SENTIDO DE LA FRASE.

LET´S. SHALL WE?

LET´S SHALL WE

CON LA EXPRESIÓN LET´S, INDEPENDIENTEMENTE DEL SENTIDO DE LA ORACIÓN, LA QUESTION TAG ES, **SHALL WE?**

LET'S have lunch, **SHALL WE?**
VAMOS A ALMORZAR ¿LO HACEMOS?
LET'S NOT argue, **SHALL WE?**
NO DISCUTAMOS, ¿SÍ?

OBSERVA LA DIFERENCIA CON EL IMPERATIVO.
LET me love you, **WILL YOU?**
PERMÍTEME AMARTE, ¿LO HARAS?

GRAMMAR. LET VS LET US

THERE.

CON **THERE** COMO SUJETO DE LA ORACIÓN, LA QUESTION TAG SE FORMA USANDO ÉSTE EN LUGAR DE UN PRONOMBRE PERSONAL.

THERE isn't any bread left, **IS THERE?**
NO QUEDA NADA DE PAN, ¿ES ASÍ?

THERE are some instructions which are included in the game box, **AREN´T THERE?**
HAY ALGUNAS INSTRUCCIONES QUE SE INCLUYEN EN LA CAJA DEL JUEGO ¿NO ES ASÍ?

EXCEPCIONES. LAS CORRESPONDIENTES A LOS PRONOMBRES INDEFINIDOS Y A LOS DEMOSTRATIVOS (THIS-THAT THESE-THOSE), LAS VEREMOS EN SUS RESPECTIVAS UNIDADES.

VINCIS. CENTRO DE ESTUDIOS

20.3. LOS DEMOSTRATIVOS

GRAMMAR. RECORDEMOS QUE ESTOS DETERMINANTES PUEDEN HACER LAS VECES DE **VERBO PRINCIPAL.**

THIS / THAT will be your biggest mistake, **ISN´T IT?**
ÉSTE O ESE SERÁ TU MAYOR EQUIVOCACIÓN, ¿NO?

ISN´T IT?
AREN´T THEY?

LA QUESTION TAG THE **THIS / THAT** ES **ISN´T IT?**
LA QUESTION TAG THE **THESE / THOSE** ES **AREN´T THEY?**

THESE / THOSE tombs **are** Egyptian, **AREN'T THEY?**
ESTAS O ESAS TUMBAS SON EGIPCIAS, ¿NO ES ASÍ?

20.4. PRONOMBRES INDEFINIDOS

PRONOMBRES QUE HACEN REFERENCIA A PERSONAS

AL DESCONOCER A QUIÉN NOS REFERIMOS, DESCONOCEREMOS IGUALMENTE SU GÉNERO, **POR ELLO EL PRONOMBRE PERSONAL A UTILIZAR EN LA QUESTION TAG SERÁ "THEY"**.

SOMEONE
EVERYBODY
NOBODY

SOMEONE always **reviews** the document at the notary's office, **DON'T THEY?**
ALGUIÉN SIEMPRE REVISA LOS DOCUMENTOS EN LA NOTARÍA, NO ES ASÍ?

EVERYBODY doesn´t like Egyptian culture, **DO THEY?**
A TODO EL MUNDO NO LE GUSTA LA CULTURA EGIPCIA, ¿NO?

NOBODY prefers fish to meat, **DO THEY?**
NADIE PREFIERE EL PESCADO A LA CARNE, ¿NO?

PRONOMBRES QUE HACEN REFERENCIA A "COSAS"

EN ESTE CASO EL PRONOMBRE A UTILIZAR SERA "**IT**".

SOMETHING
EVERYWHERE
NOTHING

EVERYTHING is ready for your arrival, **ISN´T IT?**
TODO ESTÁ PREPARADO PARA VUESTRA LLEGADA, ¿NO ES ASÍ?

NOTHING is important enough to die for, **IS IT?**
NADA ES LO SUFICIENTEMENTE IMPORTANTE COMO PARA MORIR POR ELLO, ¿NO?

GRAMMAR. OBSERVAD COMO NOBODY, NOTHING, ETC, AL TENER UNA CONNOTACIÓN NEGATIVA, HACEN LA QUUESTION TAG EN POSITIVO.

IMPORTANTE

DEL ENUNCIADO DE LA FRASE A LA QUE LE AGREGAMOS LA QUESTION TAG, NOS INTERESA LOCALIZAR EL VERBO AUXILIAR, Y EN SU DEFECTO EL PRINCIPAL, A PARTIR DE AHÍ NO NOS ES DE UTILIDAD.
SOMEONE always reviews ~~the document at the notary's office~~, **DON'T THEY?**

UNIT 21 — SO_TOO VS EITHER_NEITHER

CONSTRUCCIONES CONCRETAS QUE SE UTILIZAN PARA **MOSTRAR COINCIDENCIA O NÓ, CON AQUELLO QUE HA EXPRESADO OTRA PERSONA.**

SE TRADUCEN COMO "**YO TAMBIÉN**", "**YO TAMPOCO**", **A MÍ TAMBIÉN**, ETC.

> **TRICK.** SO y **NEITHER** VAN SITUADOS AL **INICIO DE LA FRASE**
> **TOO** y **EITHER** VAN SITUADOS AL **FINAL DE LA FRASE**

21.1. ENUNCIADOS AFIRMATIVOS

CUANDO EL ENUNCIADO ANTERIOR ES UNA **ORACIÓN AFIRMATIVA**.

ESTRUCTURA: SO + AUXILIAR + SUJETO

OBSERVAREMOS QUE EL SUJETO QUE COINCIDE CON LO INICIALMENTE EXPRESADO, PUEDE SER CUALQUIER PERSONA.

- **I LIVE IN A BIG APARTMENT.**
  VIVO EN UN GRAN APARTAMENTO.
  SO DO I, OR, **SO DOES** my DAUGHTER.
  Y YO TAMBIÉN, O MI HERMANA TAMBIÉN.

  > **GRAMMAR.** EL VERBO AUXILIAR DEBERÁ TENER CONCORDANCIA CON EL TIEMPO VERBAL UTILIZADO POR LA PERSONA QUE HABLA EN PRIMER LUGAR.

- **SHE´S REALLY HAPPY**
  ELLA ES REALMENTE FELIZ.
  SO IS my father.
  TAMBIÉN LO ES MI PADRE

- **I CAN PLAY THE GUITAR.**
  TOCO LA GUITARRA
  ME TOO OR **SO CAN** my boyfriend.
  YO TAMBÍEN O TAMBÍEN PUEDE MI NOVIO.

  > **ME TOO.** CUANDO LA PERSONA QE COINCIDE ES LA PERSONA QUE HABLA EN PRIMERA PERSONA.

ESTRUCTURA: FRASE COMPLETA + TOO

OR My FIANCÉE **LIVES IN A BIG APARTMENT TOO.**
MI PROMETIDA VIVE EN UN GRAN APARTAMENTO TAMBIÉN.
OR My FATHER **IS REALLY HAPPY TOO.**
OR My BOYFRIEND **CAN PLAY DE GUITAR TOO.**

21.2. ENUNCIADOS NEGATIVOS

CUANDO EL ENUNCIADO ANTERIOR ES UNA **ORACIÓN NEGATIVA**.

ESTRUCTURA: NEITHER + AUXILIAR + SUJETO

- **I HAVEN´T GOT NEW TROUSERS.**
  NEITHER HAS MY SISTER, OR NOR HAVE I.
- **MY SON DOESN´T SMOKE.**
  NEITHER DOES MY BEST FRIEND.
  OR MY DAUGHTER DOESN´T SMOKE **EITHER**.
- **I CAN'T RIDE A MOTORBIKE.**
  ME NEITHER OR She can´t ride **EITHER**.
  OR **NEITHER CAN I.**

> **RECORDAD.** **SO** y **NEITHER** VAN SITUADOS AL **INICIO DE LA FRASE**
> **TOO** y **EITHER** VAN SITUADOS AL **FINAL DE LA FRASE**

21.3. I THINK SO / I GUESS SO / I HOPE SO / OR NOT.

EXPRESIONES CORTAS, MUY COMUNES EN RESPUESTAS A PREGUNTAS.

ESTRUCTURA: SUJETO + THINK + SO

I THINK SOR OR I DON´T THINK SO

PIENSO O CREO QUE SÍ, O QUE NO

- IS YOUR DAUGHTER COMING HOME?
  ¿VIENE TU HIJA A CASA?
  I THINK SO   OR   **I DON´T THINK SO.**

- DID YOU DO WELL ON YOUR EXAM?
  ¿LOS HICISTES BIEN EN EL EXÁMEN?
  I THINK SO   OR   **I DON´T THINK SO.**

ESTRUCTURA: SUJETO + HOPE + SO OR NOT

I HOPE OR I DON´T THINK SO

ESPERO QUE SÍ, O QUE NO

- **I HOPE SO**, I'm trying to find him.
  ESPERO QUE SI, ESTOY INTENTANDO ENCONTRALO.
- **I HOPE NOT**, Frank, for your sake.
  ESPERO QUE NO, FRANK, POR TU BIEN.

ESTRUCTURA: SUJETO + GUESS + SO OR NOT

I GUESS SO OR I GUESS NOT

SUPONGO QUE SÍ, O QUE NO

- I don't know, but **I GUESS SO** and pray for that.
  NO LO SE, PERO SUPONGO QUE SI Y REZO PARA ESO.

- **I GUESS NOT**, but I'd like to speak directly with her.
  SUPONGO QUE NO, PERO ME GUSTARÍA HABLAR DIRECTAMENTE CON ELLA

VINCIS. CENTRO DE ESTUDIOS

UNIT 22 — EL GERUNDIO

LOS GERUNDIOS **SON FORMAS VERBALES QUE SE UTILIZAN COMO SUSTANTIVOS.**

GERUNDIO. SUJETO DE LA ORACIÓN

CASI SIEMPRE QUE UN VERBO SEA SUJETO DE UNA ORACIÓN, SE LE DEBE AGREGAR **ING** Y LO CONJUGAREMOS EN SINGULAR.

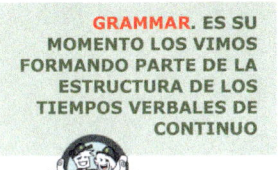

GRAMMAR. ES SU MOMENTO LOS VIMOS FORMANDO PARTE DE LA ESTRUCTURA DE LOS TIEMPOS VERBALES DE CONTINUO

- **WALKING IS** good for our health.
  CAMINAR ES BUENO PARA NUESTRA SALUD.

- **LEARNING** English **IS** important to get a good job.
  APRENDER INGLÉS ES IMPORTANTE PARA OBTENER UN BUEN TRABAJO

- **MAKING** friends **HAS** become more difficult since I moved here.
  HACER AMIGOS ES ALGO DIFÍCIL DESDE QUE ME MUDÉ AQUÍ.

- **NOT FINDING** a job may be stressful.
  NO ENCONTRAR TRABAJO DEBE SER ESTRESANTE.

GRAMMAR. OBSERVAD COMO HACEMOS LA NEGATIVA.

EXCEPCIÓN

- **TO BE OR NOT TO BE**, that´s the question.
  SER O NO SER, ESA ES LA CUESTIÓN.

22.1. GERUNDIO. COMPLEMENTO DEL SUJETO

- The best for headache is **SLEEPING**.
  LO MEJOR PARA EL DOLOR DE CABEZA ES DORMIR.

- The worst thing about winter is not **SEEING** the sun.
  LO PEOR DEL INVIERNO ES NO VER EL SOL.

22.2. GERUNDIO. PREPOSICIONES

DESPUÉS DE LAS PREPOSICIONES SE USA EL GERUNDIO.

- She forgot me **FOR NOT TELLING** her the truth.
  ELLA ME PERDONÓ POR NO CONTARLE LA VERDAD.
- I´m thinking **ON BUYING** a motorbike.
  ESTOY PENSANDO EN COMPRARME UNA MOTOCICLETA.

BUT EXCEPTO

CUANDO SE UTILIZA COMO PREPOSICIÓN, TIENE EL SIGNIFICADO DE EXCEPTO, Y ADEMAS IRÍAN SEGUIDO DEL INFINITIVO.

- I made no stops on the way to work **BUT** to **REFUEL**.
  NO HICE NINGUNA PARA DE CAMINO AL TRABAJO, SALVO REPOSTAR.
- She has no choice **EXCEPT** to **DO** it like this.
  NO TIENE OPCIÓN EXCEPTO HACERLO DE ESTA FORMA.

22.3. GERUNDIO. VERBOS

ALGUNOS VERBOS PRECEDEN A OTROS **EN GERUNDIO O EN INFINITIVO**.

LISTADO DE ALGUNOS VERBOS QUE VAN SEGUIDO DEL GERUNDIO.

TRICK. LAMENTABLEMENTE HABRÁ QUE APRENDÉRSELOS DE MEMORIA.

ENJOY
MIND
STOP
FINISH
SUGGEST
ADMIT
ADVISE
AVOID
CONSIDER
MENTION
INVOLVE
RISK
DENY
RECOMMEND

- I **ADVISE** proceeding with caution.
  ACONSEJO PROCEDER CON CUIDADO.

- I don´t **MIND** getting up early every day.
  NO ME IMPORTA LEVANTARME TEMPRANO CADA DÍA.

- I **SUGGEST** reading more historical novels.
  SUGIERO LEER MÁS NOVELAS

- I have **AVOIDED** discussing problems all my life
  HE EVITADO DISCUTIR PROBLEMAS TODA MI VIDA.

- I **ENJOY** playing with my children
  DISFRUTO JUGADO CON MIS HIJOS.

- I don't **MIND** having lost all options
  NO ME IMPORTA PERDER TODAS LAS OPCIONES.

UNIT 23 — EL INFINITIVO

ES LA FORMA VERBAL MÁS SIMPLE, QUE PODEMOS ENCONTRARNOS.

23.1. INFINITIVO. SIN LA PREPOSICIÓN «TO»

SE USA **EL INFINITIVO SIN LA PREPOSICIÓN «TO»** DETRÁS DE LOS SIGUIENTES VERBOS:

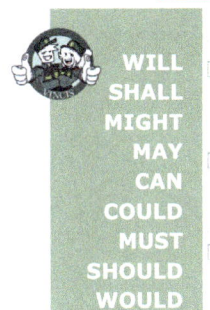

WILL / SHALL / MIGHT / MAY / CAN / COULD / MUST / SHOULD / WOULD

- I **WILL BE** at work all morning.
  ESTARÉ EN EL TRABAJO TODA LA MAÑANA.

- **COULD** you **PASS** me the newspaper, please?
  ¿PODRÍAS PASARME EL PERIÓDICO, POR FAVOR?

- **WOULD** you **LIKE** a cup of coffee?
  ¿QUIERES UNA TAZA DE CAFÉ?.

23.2. INFINITIVO. CON LA PREPOSICIÓN «TO»

SE USA **EL INFINITIVO CON «TO»** DETRÁS DE LOS VERBOS:

GOING TO / HAVE TO / USED TO / WANT TO / WOULD LIKE TO

- Do you **WANT TO STAY** here?
  ¿QUIERES QUEDARTE AQUÍ?
- I **WOULD LIKE TO GO** on vacation.
  ME GUSTARÍA IRME DE VACACIONES.
- I **HAVE TO STUDY** English if I want to be better.
  TENGO QUE ESTUDIAR INGLES SI QUIERO SER MEJOR.

23.3. VERBOS SEGUIDOS DEL INFINITIVO

LISTADO DE **ALGUNOS VERBOS QUE VAN SEGUIDO DEL INFINITIVO.**

AGREE / WANT TO / HOPE TO / NEED TO / DESERVE / PLAN / EXPECT / PROMISE / OFFER / REFUSE / TRY / FORGET / LEARN / SEEM

GRAMMAR. PARA CONOCERLOS PRECISAMOS APRENDERLOS DE MEMORIA.

- I **AGREED TO GO** to a party with her.
  ESTUVE DE ACUERDO EN IR A LA FIESTA CON ELLA.
- Everyone **DESERVES TO BE** respected.
  TODO EL MUNDO MERECE SER RESPETADO.
- We **HOPE TO AVOID** traffic by using the bicycle.
  ESPERAMOS EVITAR EL TRÁFICO USANDO LA BICICLETA.
- She **LEARNED NOT TO TRUST** her luck.
  APRENDIÓ A NO CONFIAR EN SU SUERTE.
- When I saw the group, they **SEEM** TO **BE** lost.
  CUANDO VI AL GRUPO, PARECÍAN ESTAR PERDIDOS.
- I **NEED TO LEARN** how to swim.
  NECESITO APRENDER A NADAR.
- I can´t **WAIT TO SEE** my exam grades.
  NO PUEDO ESPERAR A VER MIS NOTAS DE LOS EXÁMENES.

23.4. INFINITIVO. TRAS ADJETIVO

- It is not **EASY TO GRADUATE** from university.
  NO ES FÁCIL GRADUARSE EN LA UNIVERSIDAD.
- It´s **NECESSARY TO SPEAK** English to get this job.
  ES NECESARIO HABLAR INGLÉS PARA CONSEGUIR ESTE TRABAJO.
- It is really **FUNNY TO SING** in the shower.
  ES REALMENTE DIVERTIDO CANTAR EN LA DUCHA.

23.5. USO INDISTINTO

LIKE / PREFER / LOVE / HATE / START / BEGIN / CONTINUE

CON ESTOS VERBOS SE USAN **INDISTINTAMENTE, UNO U OTRO:**

- I LIKE **GETTING UP** early in summer or I LIKE **TO GET UP** early in summer.
  ME GUSTA LEVANTARMEN TEMPRANO EN VERANO.
- It STARTED **SNOWING** or IT STARTED **TO SNOW**.
  EMPEZÓ A NEVAR.
- I HATE **DANCING** at weddings or I HATE **TO DANCE** at weddings.
  ODIO BAILAR EN LAS BODAS

LIKE / PREFER / LOVE / HATE

NO OBSTANTE, ESTOS VERBOS PRECEDIDOS POR **WOULD** LLEVAN EL INFINITIVO CON **«TO»**

- I **WOULD LIKE TO GET UP** early and walk on the beach.
  ME GUSTARÍA LEVANTARMEN TEMPRANO Y PASEAR POR LA PLAYA.

- I **WOULD HATE TO DANCE** country music.
  ODIARÍA BAILAR MÚSICA COUNTRY.

CUANDO PRETENDEMOS O NOS GUSTARÍA QUE ALGUIÉN HAGO ALGO.

- I WANT **YOU** TO **COME** home right after school.
  QUIERO QUE VENGAS A CASA JUSTO DESPUÉS DE LA ESCUELA.
- WOULD YOU LIKE **ME** TO **EDUCATE** you?
  ¿TE GUSTARÍA QUE YO TE EDUCARA?

CUANDO NECESITAMOS QUE ALGUIÉN HAGO ALGO.

- I NEED **Elena** TO **STUDY** harder.
  NECESITO QUE ELENA ESTUIE MÁS DURO.
- I HOPE **my wife** TO **GREET** our guests.
  ESPERO QUE MI ESPOSA SALUDE A NUESTROS INVITADOS.

UNIT 24 — EL SUSTANTIVO_ INTRODUCCIÓN

UN SUSTANTIVO PUEDE FUNCIONAR COMO SUJETO DE UNA ORACIÓN, Y **DESIGNA O IDENTIFICA A UN SER ANIMADO O INANIMADO.**

AUNQUE SON MAYORÍA LAS PALABRAS QUE USAMOS DE **FORMA INDISTINTA,** HAY **ALGUNOS SUSTANTIVOS QUE CAMBIAN CON RESPECTO AL GÉNERO.**

CONSTRUCCIÓN DEL PLURAL

EL PLURAL SE FORMA, COMO NORMA GENERAL, AÑADIÉNDOLE UNA «S» AL SINGULAR.

ONE, TWO, THREE, FOUR, …
ONE BOOK   TWO **BOOKS**
ONE ORANGE   FOUR **ORANGES**

PLURALES IRREGULARES

NO OBSTANTE, ALGUNOS PLURALES SE CONSTRUYEN DE FORMA IRREGULAR.

PERSON	– PERSONA	**PEOPLE**
TOOTH	– DIENTE	**TEETH**
BUS	– AUTOBÚS	**BUSES**
CHILD	– NIÑO	**CHILDREN**
MAN	– HOMBRE	**MEN**
WOMAN	– MUJER	**WOMEN**
FOOT	– PIE	**FEET**
MOUSE	– RATÓN	**MICE**

ORTOGRAFÍA

AGREGAMOS «ES»

CUANDO TERMINA EN **S, Z, X, SH, O CH.**
DISH   DISHES   --- *PLATOS.*
DRESS   DRESSES   *VESTIDOS.*

CUANDO TERMINA EN Y PRECEDIDO DE CONSONANTE. SE SUSTITUYE POR I Y AÑADIMOS ES.
DICTIONARY   DICTIONARIES   --- *DICCIONARIO.*
STORY   STORIES   *HISTORIA.*

AGREGAMOS «S»

CUANDO TERMINA EN **Y ACOMPAÑADA DE VOCAL**
BAY   BAYS   --- *BAHÍA.*
KEY   KEYS   *LLAVES.*

CAMBIAMOS LA TERMINACIÓ POR «VES»	CUANDO TERMINA EN **«F OR FE»**.
	☐ SHELF SHEL**VES** --- *ESTANTERÍAS*.
	☐ KNIFE KNI**VES** *CUCHILLOS*.

SUSTITUIMOS POR «ES»	CUANDO TERMINA EN **«IS»**.
	☐ CRISIS CRIS**ES** --- *CRÍSIS*.

24.2. SON SUSTANTIVOS DE PLURAL, Y NO ADMITEN EL SINGULAR

- ☐ **STAIRS**.   ESCALERAS.
- ☐ **PAJAMAS**.   PIJAMA.
- ☐ **TROUSERS**.   PANTALONES.
- ☐ **SCISSORS**.   TIJERAS.
- ☐ **GLASSES**.   GAFAS.
- ☐ **SHORTS**.   PANTALONES CORTOS.

24.3. SUSTANTIVOS DERIVADOS «ER»

EL SUFIJO MÁS HABITUAL PARA FORMAR UN SUSTANTIVO DERIVADO DE UN VERBO ES **«ER»**.; SI TERMINA EN **«E»** AÑADIMOS **«R»**.

- ☐ **WORKER**   OBRERO.
- ☐ **SMOKER**   FUMADOR.
- ☐ **PLAYER**   JUGADOR.
- ☐ **PAINTER**   PINTOR.
- ☐ **HELPER**   AYUDANTE.
- ☐ **WRITER**   ESCRITOR

24.4. SUSTANTIVOS DERIVADOS «ING»

SI LE AÑADIMOS EL SUFIJO **«ING»**, EXPRESA **LA ACCIÓN Y EL EFECTO DEL VERBO**.

- ☐ **EATING**   EL COMER.
- ☐ **WRITING**   LA ESCRITURA.
- ☐ **DANCING**.   EL BAILE

24.2. EL SUSTANTIVO_ CONTABLE E INCONTABLE

LOS SUSTANTIVOS PUEDEN SER **CONTABLES O INCONTABLES**.

NOS AYUDAN A EXPRESAR UNA CANTIDAD INDETERMINADA DE ALGO.

MISMA FORMA EN SINGULAR QUE EN PLURAL

- FISH — PEZ / PECES.
- SHEEP — OVEJA / OVEJAS.
- SPECIES — ESPECIE / ESPECIES.

- MONEY — DINERO.
- WATER — AGUA.
- WINE — VINO.

SUSTANTIVOS INCONTABLES

SUELEN REFERIRSE A **ALIMENTOS** y A LAS **EMOCIONES** E **IDEAS**.

WORK_TRABAJO, **WEATHER**_CLIMA, **ELECTRICITY**_ELECTRICIDAD, **TIME**_TIEMPO, **EDUCATION**_EDUCACIÓN, **HOMEWORK**_LABORES DE HOGAR, **KNOWLEDGE**_CONOCIMIENTO, **EQUIPMENT**_EQUIPAMIENTO, **LUGGAGE**_EQUIPAJE, **BAGGAGE**, **JEWELRY**_JOYAS, **FURNITURE**_MOBILIARIO. **MACHINERY**_MAQUINARIA, **CLOTHING**_ROPA, **PAPER**_PAPEL, **TRAFFIC**_TRÁFICO, **INTELLIGENCE**_INTELIGENCIA, **INFORMATION**_INFORMACIÓN, **NEWS**_NOTICIAS, **ADVICE**_CONSEJOS, **RECREATION**_RECREACIÓN, **HAPPINESS**_FELICIDAD, **EDUCATION**_EDUCACIÓN, **ENJOYMENT**_DISFRUTE.

UTILIZAMOS EXPRESIONES COMO

PARA **INDICAR CANTIDAD**.

A BOTTLE OF	MILK
A CARTON OF	WINE
A BAR OF	CHOCOLATE
A PIECE OF	MUSIC, HAM, CHEESE
A BOWL OF	CEREALS
A CUP OF	COFFEE

CONTABLES E INCONTABLES A LA VEZ

ALGUNOS SUSTANTIVOS PUEDEN SER **CONTABLES O INCONTABLES**.

- I have never had **COFFEE**.
  NUNCA HE TOMADO CAFÉ.
- Would you like to have **a COFFEE**?
  ¿TE GUSTARÍA TOMAR UN CAFÉ?
- No thanks, I've already had **THREE COFFEES** this morning.
  NO GRACIAS, YA HE TOMADO TRES CAFES ESTA MAÑANA.

- **FRIENDSHIP** is more important than money.
  LA AMISTARD ES MÁS IMPORTANTE QUE EL DINERO.
- Out of all my **FRIENDSHIPS,** you are the best.
  DE TODAS MIS AMISTADES, ERES EL MEJOR.

UNIT 25 — LOS DEMOSTRATIVOS

HACEN REFERENCIA A LA UBICACIÓN DE ALGO O ALGUIEN, EXPRESANDO SU CERCANÍA O NO, RESPECTO DEL HABLANTE U OYENTE.

> **OPOSICIONES. ESTA UNIDAD PUEDE SER PREGUNTA DE EXÁMEN.**

ADJETIVOS DEMOSTRATIVOS

ESTRUCTURA: DEMOSTRATIVO + SUSTANTIVO

> **TRICK.** DEL ENUNCIADO DE LA ORACIÓN, **LO MÁS IMPORTANTE ES EL SUSTANTIVO, CONTABLE O INCONTABLE,** QUE SE ENCUENTRA A CONTINUACIÓN DEL VERBO TO BE.

DEPENDERÁ DEL NÚMERO. **SINGULAR**: «THIS/ THAT»
PLURAL: «THESE/ THOSE»

- **THIS / THAT VILLAGE** is always really cold in winter.
  ESTE/ ESE PUEBLO ES SIEMPRE MUY FRIO EN INVIERNO.
- **THIS / THAT PEN** doesn´t belong to you.
  ESTE/ ESE BOLIGRAFO NO TE PERTENECE.
- Is **THIS / THAT APARTMENT** yours?
  ¿ESTE O ESE APARTAMENTO ES TUYO?

- **THESE / THOSE KIDS** are behaving very well.
  ESTOS/ ESOS CHICOS SE ESTAN PORTANDO MUY BIEN.
- I had never seen **THESE / THOSE BIKERS** before.
  NUNCA HABÍA VISTO ESTOS/ ESOS MOTEROS ANTES.
- How do you think Mary would answer **THESE / THOSE QUESTIONS**?
  ¿CÓMO PIENSAS QUE MARY RESPONDERÍA A ESTAS/ ESAS PREGUNTAS?

25.1. THIS / THESE. PRESENTACIONES

ES LA FORMA MÁS HABITUAL DE **PRESENTAR A UNA PERSONA EN INGLÉS.**

THIS OR THESE AL PRESENTAR A UNA PERSONA

- Jane, **THIS** is my best friend Daniel.
  JANE, ÉSTE ES MI MEJOR AMIGO DANIEL.
- **THESE** are my sons Daniel and Alejandro.
  ESTOS SON MIS HIJOS DANIEL Y ALEJANDRO.
- ~~THESE are Daniel and Alejandro.~~

RESPUESTA OYENTE

- Hi Daniel, **NICE TO MEET YOU**.
  HOLA DANIEL, ENCANTADO DE CONOCERTE.

25.2. «THIS/ THAT» ON THE PHONE.

AL TELÉFONO_ON THE PHONE

AL **REALIZAR UNA LLAMADA TELEFÓNICA.**

NOS PRESENTAMOS A UNA PERSONA	NOS **PRESENTAMOS** AL TELÉFONO. Hello Jane, **THIS** is Daniel. *HOLA JANE, SOY DANIEL.*
PREGUNTAMOS POR SU INDENTIDAD	**PREGUNTAMOS** POR ALGUIÉN AL TELÉFONO. Hi, Is **THAT** Jane? *HOLA ERES JANE.*

25.3. ALUCIONES A PERSONAS

THIS OR THESE AL PRESENTAR A UNA PERSONA	ALUDIR A PERSONAS **QUE NO SE ENCUENTRAN FÍSICAMENTE CERCANAS** EN EL MOMENTO EN QUE ESTAMOS HABLANDO.
RESPUESTA OYENTE	**ISN´T THAT** your daughter María in front of the bank? *¿NO ES ESA TU HIJA MARÍA ESA DELANTE DEL BANCO?*

«LIKE THIS/ LIKE THAT»

CUÁNDO QUEREMOS EXPRESAR **QUE QUEREMOS ALGO** DE UNA U OTRA MANERA, O FORMA.

DE ESTE O ESE MODO	Please, don´t speak to me **LIKE THAT**. *POR FAVOR, NO ME HABLES DE ESA FORMA.*
	I told you to do it **LIKE THIS**. *TE DIJE QUE LO HAGAS DE ESTA MANERA.*

VINCIS. CENTRO DE ESTUDIOS

UNIT 26 — LOS CUANTIFICADORES

EXPRESAN UN NÚMERO O CANTIDAD DE PERSONAS, ANIMALES O COSAS, Y DEFINEN AL SUSTANTIVO, AL QUE PRECEDEN.

26.1 MANY_HOW MANY?

SE UTILIZA PARA EXPRESAR QUE HAY UN **GRAN NÚMERO DE ALGO**.
COMO NORMA GENERAL EN **ORACIONES NEGATIVAS** E **INTERROGATIVAS**, Y EN OCASIONES EN **AFIRMATIVAS**.

PRECEDE A SUSTANTIVOS **CONTABLES** EN PLURAL.

- My girlfriend has **MANY HOBBIES**.
  MI NOVIA TIENE **MUCHOS HOBBIES**.
- There aren't **MANY OPPORTUNITIES** to work in the nautical industry.
  NO HAY **MUCHAS OPORTUNIDADES** DE TRABAJAR EN LA INDUSTRIA NÁUTICA.
- HOW **MANY BIKES** do you have?
  ¿CUÁNTAS BICICLETAS TIENES?

HOW MANY? ¿CUÁNTAS?

26.2. MUCH_HOW MUCH?

SE UTILIZA PARA EXPRESAR QUE HAY UNA GRAN CANTIDAD DE ALGO, EN ORACIONES **NEGATIVAS E INTERROGATIVAS**.

PRECEDE A SUSTANTIVOS **INCONTABLES**. (VER UNIT 24.2)

- We haven't got **MUCH** TIME.
  NO TENEMOS **MUCHO TIEMPO**.

O **NO**.

- Did you pay **MUCH** for THIS RAIN COAT?
  ¿PAGASTE MUCHO POR ESTE CHUBASQUERO?

OPOSICIONES. DE LOS APARTADOS 26.1. AL 26.5., SUELE SER PREGUNTA DE EXÁMEN.

NO SE USA NORMALMENTE EN ORACIONES **AFIRMATIVAS**.

Irene has got ~~MUCH musical talent~~.
Irene has got **A LOT OF MUSICAL TALENT**.
IRENE TIENE MUCHO **TALENTO MUSICAL**.

HOW MUCH? ¿CUÁNTO?

- HOW **MUCH MONEY** does it cost?
  ¿**CUÁNTO** DINERO CUESTA?

USAMOS «**SO Y TOO**» EN ORACIONES **AFIRMATIVAS**.

- There are **TOO MANY CARS** in the city.
  HAY **DEMASIADOS** COCHES EN LA CIUDAD.
- I didn't know you had been in **SO MANY SOCIAL WORKS**
  NO SABÍA QUE HABÍAS ESTADO EN **TANTOS** TRABAJOS SOCIALES.
- We have been there **TOO MUCH TIME**.
  LLEVAMOS AQUÍ **DEMASIADO** TIEMPO.
- I love you **SO MUCH**.
  TE QUIERO **TANTO**.

26.3 A LOT OF VS LOTS OF VS A LOT

EXPRESAN UN GRAN: **NÚMERO** DE ALGO (**PLURAL**).
UNA GRAN: **CANTIDAD** DE ALGO (**INCONTABLES**)

PRECEDIENDO A UN SUSTANTIVO

- Irene hasn't got **A LOT OF BOOKS**.
  IRENE NO TIENE MUCHOS LIBROS.
- **LOTS OF STUDENTS** use recorders at university.
  MUCHOS ESTUDIANTES USAN GRABADORAS EN LA UNIVERSIDAD.
- Do you have **A LOT OF FRIENDS**?
  ¿TIENES MUCHOS AMIGOS?

SIN PRECEDERLO

- How much coffee do you want? **A LOT**.
  ¿CUÁNTO CAFÉ QUIERES? MUCHO.
- Huelva y Tarifa have beaches which have **A LOT** in common.
  HUELVA Y TARIFA TIENEN PLAYAS QUE TIENEN MUCHO EN COMÚN.
- She has to improve **A LOT**.
  TIENE QUE MEJORAR MUCHO.

26.4. PLENTY

SE UTILIZA PARA EXPRESAR QUE HAY **UN NÚMERO** O **CANTIDAD** SUFICIENTE, O MÁS QUE SUFICIENTE DE ALGO.

- I've got **PLENTY OF MUSIC** to take to the party.
  TENGO SUFICIENTE MÚSICA PARA LLEVAR A LA FIESTA.

- We don't need more dogs, there are **PLENTY FOR** all the volunteers.
  NO NECESITAMOS MÁS PERROS, HAY SUFICIENTE PARA TODOS LOS VOLUNTARIOS.

- Don't bring beer, we have **PLENTY**.
  NO TRAIGAS CERVEZA, TENEMOS DE SOBRA

PLENTY. PARA NO REITERAR EL SUSTANTIVO

26.5. FEW VS LITTLE

FEW — PARA EXPRESAR UN **NÚMERO PEQUEÑO DE ALGO**. PRECEDE A **SUSTANTIVOS** CONTABLES / **PLURAL**. UTILIZAMOS EN ORACIONES **AFIRMATIVAS**.

OTORGA UN **SENTIDO NEGATIVO** LA FRASE.

- There are **FEW CHOCOLATES** for the children.
  HAY **POCOS BOMBONES** PARA LOS NIÑOS.
- You have **FEW OPTIONS** to choose from.
  TIENES **POCAS OPCIONES** PARA ELEGIR.

(A) FEW OTORGA UN **SENTIDO POSITIVO** A LA FRASE.

- There are **A FEW CHOCOLATES** to give to the guests.
  HAY **ALGUNOS BOMBONES** PARA DARLES A LOS INVITADOS.

LITTLE — PARA EXPRESAR UNA **CANTIDAD PEQUEÑA DE ALGO**. PRECEDE A **SUSTANTIVOS INCONTABLES**.

OTORGA UN **SENTIDO NEGATIVO** LA FRASE.

- He speaks **LITTLE FRENCH**.
  HABLA **POCO FRANCÉS**.
- Don´t worry, he´s lost **LITTLE BLOOD** during surgery.
  NO TE PREOCUPES, HA PERDIDO **POCA SANGRE**, DURANTE LA SIRUGÍA.

(A) LITLE OTORGA UN **SENTIDO POSITIVO** A LA FRASE.

- He speaks **A LITTLE GERMAN**.
  ÉL HABLA **UN POCO DE ALEMÁN**.

NO PRECEDERÁ A UN SUSTANTIVO, CUANDO YA SABEMOS A QUÉ NOS REFERIMOS.

- I like the cup with **A LITTLE**.
  ME GUSTA LA COPA CON UN POCO.

26.6. BOTH VS EITHER VS NEITHER

USAMOS BOTH, EITHER OR NEITHER, **PARA REFERIRNOS A DOS PESONAS U OBJETOS, A UNO U OTRO, O A NINGUNO DE LOS DOS, RESPECTIVAMENTE.**

«BOTH»

PRECEDE A UN SUSTANTIVO EN **PLURAL**

- **BOTH BALLOONS** are flat.
  AMBOS GLOBOS ESTÁN DESINFLADOS.

O NO, SI CONOCEMOS A QUÉ NOS REFERIMOS.

- I like **BOTH**.
  ME GUSTAN AMBOS.

« OF » EL USO DE LA PREPOSICIÓN OF ES OPCIONAL SI EL SUSTANTIVO VA PRECEDIDO DE UN DETERMINANTE. «THE, THIS, MY, ETC.»

- I´ve read **BOTH (OF) THESE** books.
  ME HE LEÍDO AMBOS O LOS DOS LIBROS.

NO OBSTANTE, SU USO SERÁ OBLIGATORIO CUANDO PRECEDA A UN PRONOMBRE PERSONAL OBJETO EN PLURAL «US, YOU, THEM, ETC.»

- I've studied **BOTH OF THEM** OR I´ve studied them **BOTH**.
  HE ESTUDIADO LOS DOS.

OTROS USOS DE «BOTH»

PARA EXPRESAR DOS CARACTERÍSTICAS RELACIONADAS CON UN MISMO ELEMENTO.

- This van is **BOTH** familiar **AND** sporty.
  ESTE FURGONETA ES FAMILIAR Y DEPORTIVA A LA VEZ.

QUE DOS PERSONAS O COSAS COMPARTEN UNA O MÁS CARACTERÍSTICAS.

- **BOTH** your mother **AND** mine like Indian music.
  TANTO A TU MADRE COMO A LA MÍA LES GUSTA LA MÚSICA INDI.

«EITHER»

PRECEDE A UN SUSTANTIVO EN **SINGULAR**.

- **EITHER** option will be fine.
  CUALQUIER OPCIÓN ESTARÁ BIEN.

O NO, SI CONOCEMOS A QUÉ NOS REFERIMOS.
- Which one do you prefer? **EITHER**.
  ¿CUÁL PREFIERES? CUALQUIERA.

«EITHER OF»

PRECEDE A LA PREPOSICIÓN «OF», SI EL SUSTANTIVO **VA PRECEDIDO DE UN DETERMINANTE «THE, THIS, MY, ETC.»**

- You can't take **EITHER OF THESE**.
  NO PUEDES COGER **NINGUNA** DE ESTAS.

O CUANDO PRECEDA A UN **PRONOMBRE PERSONAL OBJETO EN PLURAL (US, YOU, THEM). «US, YOU, THEM, ETC.»**

- Do **EITHER OF you** know the new boss?
  ¿**ALGUNO DE VOSOTROS** CONOCE AL NUEVO JEFE?

NOS PERMITE ELEGIR ENTRE DOS POSIBILIDADES.

> **FRASES EN SENTIDO POSITIVO**, SE TRADUCE POR "O".
> - You can **EITHER** come with me **OR** wait here.
>   PUEDES VENIR CONMIGO **O** ESPERAR AQUÍ.
>
> **FRASES EN SENTIDO NEGATIVO**, SE TRADUCE POR "NI".
> - He can't play **EITHER** the piano **OR** the violin.
>   NO SABE TOCAR **NI** EL PIANO NI EL VIOLÍN.

«NEITHER»

> SE UTILIZA EN **ORACIONES AFIRMATIVAS**, OTORGÁNDOLE UN SENTIDO NEGATIVO.
> SE UTILIZA CON EL VERBO **EN POSITIVO**.
> **PRECEDE** A UN SUSTANTIVO EN **SINGULAR**.

- **NEITHER** hotel has a swimming pool.
  NINGÚN HOTEL TIENE PISCINA.

(NOR) NOS PERMITE RELACIONAR DOS CONCEPTOS NEGATIVOS.
- **NEITHER** the green one **NOR** the blue one is for sale.
  NI EL VERDE NI EL AZUL ESTÁN EN VENTA.

O NO, SI CONOCEMOS A QUÉ NOS REFERIMOS.
- Which of these comics do you prefer? **NEITHER**.
  ¿CUÁL DE ESTOS COMICS PREFIERES? **NINGUNO**.

«OF» PRECEDE A LA PREPOSICIÓN OF SI EL SUSTANTIVO VA PRECEDIDO DE UN DETERMINANTE **«THE, THIS, MY, ETC.»**

- **NEITHER OF THESE** CDs is mine.
  NINGUNO DE ESTOS CDS ES MÍO.

O CUANDO PRECEDA A UN **PRONOMBRE PERSONAL OBJETO EN PLURAL (US, YOU, THEM). «US, YOU, THEM, ETC.»**

- **NEITHER OF US** has ridden a horse before.
  NINGUNO DE NOSOTROS HA MONTADO A CABALLO ANTES.

PARA DISTINGUIRLOS SOLO TENDREMOS QUE FIJARNOS SI EL VERBO ESTÁ EN POSITIVO O NEGATIVO.

> - **NEITHER OF THEM** eats fish.
>   NINGUNO DE ELLOS COME PESCADO.
>
> - My wife couldn´t see **EITHER OF the** thieves.
>   MI ESPOSA NO PUDO VER A NINGUNO DE LOS LADRONES.

GRAMMAR. PARA DISTINGUIRLOS TENEMOS QUE FIJARNOS EN EL **SENTIDO AFIRMATIVO O NEGATIVO** DE LA FRASE.

26.7. EVERY vs WHOLE vs THE WHOLE

SON **DETERMINATES** QUE UTILIZAREMOS DELANTE DE SUSTANTIVOS, Y A SU VEZ DE OTROS DETERMINANTES.

«EVERY»

LO UTILIZAREMOS **PARA REFERIRNOS INDIVIDUALMENTE A CADA MIEMBRO DE UN GRUPO**.

EVERY + SUSTANTIVO CONTABLE SINGULAR

- **EVERY DOG** in the dog pound **IS** reasonably docile.
  CADA PERRO EN LA PERRERA ES RAZONABLEMENTE DÓCIL.

- **EVERY STUDENT HAS** their own laptop.
  CADA ESTUDIANTE TIENE SU PROPIO PORTÁTIL.

- **NOT EVERY USER HAS** been registered in the application.
  NO TODOS LOS USUARIOS HAN SIDO REGISTRADOS EN LA APLICACIÓN.

> **GRAMMAR.** OBSERVAD COMO LA ESTRUCTURA VERBAL SE CONSTRUYE CON LOS VERBOS EN **SINGULAR.**

«ALL»

LO UTILIZAREMOS **PARA REFERIRNOS A TODOS LOS MIEMBROS EN CONJUNTO, DE UN GRUPO**.

ALL AND ALL OF

- I would like to hire **ALL OF you**, but I can't.
  ME GUSTARÍA CONTRATARLOS A TODOS, PERO NO PUEDO.

- **ALL** (OF) **this** must be a joke
  TODO ESTO DEBE SER UNA BROMA

- We had to complete all the stages of the itinerary, **ALL OF which** was very hard.
  TUVIMOS QUE COMPLETAR TODAS LAS ETAPAS DEL ITINERARIO, TODAS LAS CUALES FUERON MUY DURAS.

EVERY ONE vs EVERYONE

EVERY ONE REFIERE UN SUSTANTIVO AL QUE **PREVIAMENTE HEMOS HECHO REFERENCIA**.

- I have received many **complaints** and have processed **EVERY ONE**.
  HE RECIBIDO MUCHAS QUEJAS Y HE TRAMITADO CADA UNA DE ELLAS.

> **ONE.** EN REFERENCIA A LAS RECLAMACIONES.

EVERYONE SIGNIFICA **TODOS** (CADA PERSONA)

- **EVERYONE** has the right to a dignified life.
  TODO EL MUNDO TIENE DERECHO A UNA VIDA DIGNA.

TODO EL DÍA_ PERÍODO DE TIEMPO

CUANDO HABLAMOS DE PERÍODOS DE TIEMPO PODEMOS UTILIZAR ALL O WHOLE.

ALL / THE WHOLE

I spent **ALL DAY** playing video games.
PASO TODO EL DÍA JUGANDO A LOS VIDEOJUEGOS.

On Sunday, we can spend **THE WHOLE DAY** in the park.
EL DOMINGO, PODEMOS PASAR EL DÍA ENTERO EN EL PARQUE.

If you walk around **ALL DAY,** you'll get tired.
SI DAS UN PASO TODO EL DÍA, TE CANSARAS.

TODOS LOS DÍAS_ FRECUENCIA

SIN EMBARGO, CUANDO HABLAMOS DE FRECUENCIAS DE TIEMPO UTILIZAMOS EVERY EN LUGAR DE ALL.

EVERY

She goes to the gym **EVERY WEEKEND.**
ELLA VA AL GIMNASIO TODOS LOS FINES DE SEMANA

My mother calls me **EVERY WEEK** to ask how I am.
MI MADRE ME LLAMA TODAS LAS SEMANAS PARA PREGUNTAR COMO ESTOY.

If you want to learn English, you should practice **EVERY DAY.**
SI QUIERES APRENDER INGLÉS, DEBERÁS PRACTICAR TODO LOS DÍAS.

OBSERVA LA DIFERENCIA.

She was out of town **ALL WEEKEND.**
ESTUVO FUERA DE LA CIUDAD TODO EL FIN DE SEMANA

She was out of town **THE WHOLE WEEKEND.**
...TODO EL FIN DE SEMANA

She goes out of town **EVERY WEEKEND.**
ELLA SALE DE LA CIUDAD CADA FIN DE SEMANA

UNIT 27 — EL ARTÍCULO DETERMINADO

EL ARTÍCULO SE LIMITA A ACOMPAÑAR AL SUSTANTIVO, TANTO EN SINGULAR COMO EN PLURAL; **PRECEDIÉNDOLO**.

«THE» SUSTANTIVO

SE CORRESPONDE EN CASTELLANO CON ÉL, ELLA, ELLOS Y ELLAS.
THE CAR, THE CARS,
THE GIRL, THE GIRLS, ETC.

LO UTILIZAREMOS ...

CUANDO ASUMIMOS QUE HAY UNA SOLA COSA DE ALGO

- What´s **THE BIGGEST STAR** in the sky?
  ¿CUÁL ES **LA ESTRELLA MAS GRANDE** EN EL CIELO?
- My flat is on **THE FOURTH FLOOR**.
  MI APARTAMENTO ESTÁ EN **LA CUARTA PLANTA**.
- We went on a walk in **THE FOREST** yesterday.
  FUIMOS DE PASEO **AL BOSQUE** AYER.
- Where is **THE BATHROOM**?
  ¿DÓNDE ESTA **EL BAÑO**?

CUANDO ...

QUEDA CLARO A QUÉ COSA, O PERSONA NOS REFERIMOS

- Could you turn on **THE RADIO**, please?
  ¿PODRÍAS ENCENDER **LA RADIO**, POR FAVOR?
- Don´t worry, i will take a taxi to **THE STATION**.
  NO TE PREOCUPES, COGERÉ UN TAXÍ A **LA ESTACIÓN**.

I HAVE TO GO TO **THE BANK**, TO **THE LIBRARY**, TO **THE DOCTOR**, TO **THE DENTIST**, TO **THE CINEMA**, TO **THE THEATRE**, ETC.
TENGO QUE IR AL BANCO, A LA BIBLIOTECA, AL DOCTOR, AL DENTISTA, AL CINE, AL TEATRO,

PARA ...

REFERIRSE A COSAS O PERSONAS ÚNICAS EN EL MUNDO

- **THE SUN** rose at 6:15 this morning.
  EL SOL SALE A LAS 6:15 DE LA MAÑANA.
- **THE PRESIDENT** will be speaking on tv tonight.
  EL PRESIDENTE HABLARÁ EN TV ESTA NOCHE.

VINCIS. CENTRO DE ESTUDIOS

«THE» SUSTANTIVO

SE EMPLEA CON ADJETIVOS ...

PARA REFERIRSE A COLECTIVOS

- **THE FRENCH** ENJOY CHEESE.
  A LOS FRANCESES LES ENCANTA EL QUESO
- **THE ELDERLY** REQUIRES SPECIAL ATTENTION.
  LAS PERSONAS MAYORES REQUIEREN ESPECIAL ATENCIÓN.

CON ANTELACIÓN A ...

LOS SUPERLATIVOS Y LOS ORDINALES

- THIS IS **THE** HIGHEST **BUILDING** IN NEW YORK.
  ESTE ES EL EDIFICIO MÁS ALTO EN NY.
- SHE READ **THE** LAST **CHAPTER** (CAPÍTULO) OF HER NEW BOOK FIRST.
  LEYÓ EL ÚLTIMO CAPÍTULO DE SU NUEVO LIBRO.

CON ...

LAS DÉCADAS

- HE WAS BORN IN **THE SEVENTIES**.
  NACIÓ EN LOS SETENTA.
- THIS IS A PAINTING FROM **THE 1840'S**.
  ES UN CUADRO DE 1840

CUANDO ...

NOS REFERIMOS A LA TV, RADIO, INTERNET, ...

TELEVISION
THE RADIO
THE INTERNET

- CAN YOU TURN OFF **THE TELEVISION**?   (TELEVISION SET)
  ¿PUEDES APAGAR LA TV?
- I WATCH TELEVISION.
  VEO LA TELEVISIÓN.

- DO YOU USUALLY USE **THE INTERNET**?
  ¿SUELES USAR INTERNET?
- I LISTEN TO **THE RADIO**.
  ESCUCHO LA RADIO.

- I HEARD THE NEWS **ON THE RADIO**.
  OÍ LAS NOTICIAS EN LA RADIO.
- I WATCH DE MAGAZINE **ON TELEVISION**.
  VÍ EL MAGAZINE EN TELEVISIÓN.

VINCIS. CENTRO DE ESTUDIOS

COMO NORMA GENERAL ...

«THE» SUSTANTIVO

USAMOS THE ...

APELLIDOS QUE HACEN **REFERENCIA A UNA FAMILIA**.

- WE'RE GOING ON HOLIDAY WITH **THE SMITHS** TONIGHT.
  *NOS VAMOS DE VACACIONES CON **LOS SMITHS** ESTA NOCHE.*
- **THE BROWNS** ARE GOING WITH US.
  ***LOS BROWNS** VAN CON NOSOTROS.*

TAMBIÉN LO USAREMOS PRECEDIENDO A ...

THE EARTH, THE MOON, THE SUN, THE WORLD, THE UNIVERSE, THE SKY, THE SEA, THE SUN, THE ENVIRONMENT, THE INTERNET, ETC.

- LOOK AT **THE** STARS IN THE SKY.
  *MIRA **LAS ESTRELLAS** EN EL CIELO.*
- **THE** EARTH GOES ROUND THE SUN.
  ***LA TIERRA** GIRA ALREDEDOR DEL SOL.*

NO SE USA EL ARTÍCULO DETERMINADO «THE»

CON LOS IDIOMAS
- **FRENCH** IS SPOKEN IN LAS ANTILLES.
- **ENGLISH** USES MANY WORDS OF LATIN ORIGIN.

CON PROFESIONES
- **MEDICINE** IS A WELL-PAID CAREER.
  MEDICINA ES UNA CARRERA BIEN PAGADA.
- HE'LL PROBABLY STUDY **CHEMISTRY**.
  PROBABLEMENTE ESTUDIARÁ QUÍMICA.

DELANTE DE UN SUSTATIVO SEGUIDO DE UN NÚMERO.
- OUR PLANE LEAVES FROM GATE 10.

DE LA MISMA MANERA...
- PAGE 25, ROOM 425, GATE 10, QUESTION 25, ETC....

DELANTE DE LOS PAÍSES.

NOMBRE DE PAISES Y CONTINENTES
- SHE LIVED IN **AMERICA**.
- **BRAZIL** IS A VERY AMAZING COUNTRY.
- **CAIRO** IS THE CAPITAL OF EGYPT.
- **CANADA** IS IN NORTH AMERICA.

REPUBLIC STATES KINGDOM

> **PERO, SÍ LO USAREMOS SI CONTIENE ALGUNA DE ESTAS PALABRAS.**
> HE IS FROM **THE** CZECH **REPUBLIC**.
> **THE** UNITED **STATES**.
> **THE** UNITED **KINGDOM**.

...Y ADEMÁS:

PAISES CON NOMBRES EN PLURAR
- I WILL GO TO THE GALAPAGOS ISLANDS NEXT YEAR, OR THE CANARY ISLANDS.
- **THE** NETHERLANDS.
- **THE** PHILIPPINES.

EDIFICIOS MONUMENTOS MUSEOS OBRAS DE ARTE
- HAVE YOU BEEN TO **THE VIETNAM MEMORIAL**?
- I WENT TO THE LOUVRE TO SEE **THE MONA LISA**.
- I WOULD LIKE TO VISIT **THE EIFFEL TOWER**.
- I SAW KING LION AT **THE GLOBE** IN LONDON.

OCEANOS MARES RÍOS CANALES
- **THE AMAZON**.
- **THE INDIAN OCEAN**.
- **THE RED SEA**.
- **THE SUEZ CANAL**.

LAGOS MONTAÑAS

PERO NUEVAMENTE LO OMITIREMOS...
- **LAKE** ONTARIO.
- **MOUNT** BLANC.

CALLES PLAZAS EDIFICIOS
- I LIVE IN TRIGUEROS **STREET**.
- TRAFALGAR **SQUARE** IS A PUBLIC SQUARE IN WESTMINSTER.

27.2 EL ARTÍCULO INDETERMINADO

SE CORRESPONDE CON UN, UNO, UNA, Y **NO DEBEMOS UTILIZAR ESTAS PALABRAS EN SINGULAR SIN EL ARTÍCULO INDETERMINADO**.

A CAR, **A** CHAIR, **A** PENCIL, **A** PHONE.

EL ARTÍCULO INDETERMINADO

DELANTE DE CONSONANTE

«A» SUSTANTIVO
- THERE IS **A MAILMAN** AT THE MAIN DOOR.
  HAY UN CARTERO EN LA PUERTA PRINCIPAL.
- MY SISTER WORKS IN **A BANK**
  MI HERMANA TRABAJA EN UN BANCO

DELANTE DE VOCAL Y TAMBIÉN DE "H" AL NO PRONUNCIARSE.

«AN» SUSTANTIVO
- I WILL BE THERE IN **AN HOUR**.
  ESTARÉ ALLÍ EN UNA HORA.
- **AN** APPLE, **AN** ELEPHANT, **AN** HONEST WORKER...

«A» SUSTANTIVO

QUE EMPIECEN POR U O EU
- A **UNIVERSITY**.
- A **EUROPEAN**.

CUANDO HABLAMOS POR PRIMERA VEZ DE ALGO, Y THE EN SUCESIVA MENCIONES.

- WHEN WE WENT TO N.Y ON HOLIDAY, WE STAYED **AT A HOTEL**.
  THE HOTEL WAS IN THE CITY CENTRE.

- THREE TIMES A DAY, FIVE DAYS A WEEK, ONCE A DAY, TWO HOURS A DAY, TWO EUROS A KILOGRAM.

- SHE IS IN **A GOOD** MOOD.
  ELLA ESTÁ DE BUEN HUMOR.
- IS HE **AN ONLY** CHILD?
  ¿ES HIJO ÚNICO?

CUANDO NUESTRO INTERLOCUTOR DESCONOCE A QUÉ NOS REFERIMOS

- THE BOOK WAS ON **A TABLE**.
- I AM LOOKING FOR **A MAGAZINE**

DETRÁS DE WITH Y WITHOUT

- IT´S A GREAT YACHT **WITH A** NICE JACUZZI.
- DON'T GO OUT IN THE RAIN **WITHOUT A** RAIN COAT.

UNIT 28 — THERE

EXPRESA LA EXISTENCIA DE ALGO.
PODRÍAMOS DECIR QUE ES EL EQUIVALENTE AL VERBO "HABER" EN CASTELLANO.

PRESENTE SIMPLE

ESTRUCTURA: THERE + TO BE + SUSTANTIVO

- THERE **IS** a **POSTMAN** delivering the mail.
  HAY UN CARTERO REPARTIENDO LA CORRESPONDENCIA.
- **IS** THERE any **QUESTION**?
  ¿HAY ALGUNA PREGUNTA?
- THERE **AREN'T** any **CHOCOLATES LEFT**.
  NO QUEDAN BOMBONES.

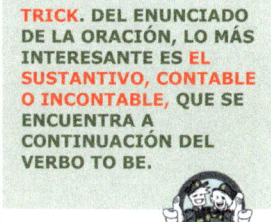

TRICK. DEL ENUNCIADO DE LA ORACIÓN, LO MÁS INTERESANTE ES **EL SUSTANTIVO, CONTABLE O INCONTABLE,** QUE SE ENCUENTRA A CONTINUACIÓN DEL VERBO TO BE.

PASADO SIMPLE

OPOSICIONES. SUELE SER PREGUNTA DE EXÁMEN.

ESTRUCTURA: THERE + WAS O WERE + SUSTANTIVO

- THERE **WAS A SPIDER** in my room.
  HABÍA UNA ARAÑA EN MI HABITACIÓN.
- THERE **WASN'T ANYTHING** I could do about that.
  NO HABÍA NADA QUE YO PUDIERA HACER
- **WERE** THERE any **SANDWICHES** in the kitchen?
  ¿HABÍA MÁS SÁNDWICHES?

PRESENTE PERFECTO

ESTRUCTURA: THERE + HAVE OR HAS + BEEN + SUSTANTIVO

- THERE **HAS BEEN** only **ONE PERSON** at the bookshop.
  HA HABIDO SOLO UNA PERSONA EN LA LIBRERÍA.
- Be careful, THERE **HAS** just **BEEN** an **ACCIDENT**.
  TEN CUIDADO, ACABA DE HABER (PRODUCIRSE) UN ACCIDENTE.

PASADO PERFECTO

ESTRUCTURA: THERE + HAD + BEEN + SUSTANTIVO

- THERE **HAD BEEN A STRING** of robberies in the neighborhood.
  HA HABIDO UNA SERIE DE ROBOS EN EL VECINDARIO.
- I wish **THERE HAD BEEN SOMETHING** we could have done for him.
  OJALÁ HUBIERA HABIDO ALGO QUE PUDIÉSEMOS HABER HECHO POR EL.

VINCIS. CENTRO DE ESTUDIOS

MODALES

ESTRUCTURA | **THERE + MODAL + BE + SUSTANTIVO**

- There **SHOULD BE** more **TREES** in this park.
  DEBERÍA HABER MÁS ÁRBOLES EN ESTE PARQUE.
- There **MUST BE** more **TIME** If we wanted to do that.
  DEBE HABER MÁS TIEMPO SI QUEREMOS HACERLO.
- What you're doing **THERE COULD BE** illegal.
  LO QUE ESTAS HACIENDO PODRÍA SER ILEGAL.
- The President said **THERE WOULD BE** no more statements.
  EL PRESIDENTE DIJO QUE NO HABRÁ MÁS DECLARACIONES.
- THERE **MIGHT NOT BE** a speaker for the presentation.
  PUEDE QUE NO HAYA ORADOR PARA LA PRESENTACIÓN.

MODAL PERFECTO

ESTRUCTURA | **THERE + MODAL + HAVE + BEEN + SUSTANTIVO**

- There **SHOULD** HAVE BEEN more **TREES** in this park.
  DEBERÍA HABER HABIDO MÁS ÁRBOLES EN ESTE PARQUE.
- If she did it, there **MUST** HAVE BEEN **A REASON**.
  SI LO HIZO, DEBE HABER HABIDO UNA RAZÓN.
- In any case THERE **WOULD** HAVE BEEN **A TRANSITION**.
  EN CUALQUIER CASO, DEBERÍA HABER HABIDO UNA TRANSICIÓN.
- THERE **MIGHT** HAVE BEEN many **PROBLEMS**.
  PUEDE QUE HAYA HABIDO MUCHOS PROBLEMAS.

FUTURO

ESTRUCTURA | **THERE + WILL + BE OR BE GOINGO TO + SUSTANTIVO**

PODEMOS HABLAR DEL FUTURO, O CON ESTE TIPO DE **FORMAS ESPECULATIVAS**.

- THERE **WILL BE A PARTY** at the end of the course.
  HABRÁ UNA FIESTA A FINAL DE CURSO.
- **I´M SURE** THERE **ARE GOING TO BE** happier **DAYS** like this.
  ESTOY SEGURO QUE VA A HABER MÁS DÍAS FELICES COMO ESTE.

ITS VS THERE

SIN EMBARGO, SE USA "IT" EN LUGAR DE "THERE"

- **IT´S** two kilometers from here to the city Centre.
  HA DOS KILÓMETROS DESDE AQUÍ AL CENTRO DE CIUDAD.
- **HOW FAR IS IT** from Madrid to Cádiz?
  ¿QUÉ DISTANCIA HAY ENTRE MADRID Y CÁDIZ?
- **IT´S A LONG WAY** from here to the International Airport?
  HAY UNA GRAN DISTANCIA DESDE AQUÍ AL AEROPUERTO INTERNACIONAL.

UNIT 29 — LOS POSESIVOS

ADJETIVOS Y PRONOMBRES POSESIVOS.

29.1. ADJETIVO POSESIVO + SUSTANTIVO

FUNCIONAN COMO UN ARTÍCULO DETERMINATIVO DEL SUSTANTIVO AL QUE ACOMPAÑA, POR ELLO SIEMPRE PRECEDEN AL SUSTANTIVO POSEIDO

POSESIVOS. VARÍAN SEGÚN EL POSEEDOR, Y NO SEGÚN LO POSEIDO.

MY
YOUR
HIS
HER
ITS
OUR
YOUR
THEIR

- THIS IS **MY BOOK**.
- THAT´S **YOUR CAR**.
- THIS IS **HIS MOTORBIKE**.
- THAT IS **HER FLAT**.
- ÁVILA IS FAMOUS FOR **ITS WALLS**.
- **OUR PROYECTS** ARE THE BEST
- THOSE ARE **YOUR GLASSES**.
- THESE ARE **THEIR SEATS**.

CON FRECUENCIA SE UTILIZAN PARA HABLAR DE **LAS PARTES DEL CUERPO HUMANO, INDUMENTARIA,** ASÍ COMO **OBJETOS DE ÍNDOLE PERSONAL.**

- ... CLEAN **YOUR TEETH**?
- ... **HIS HANDS**.
- ... **HER EYES**.

29.2 PRONOMBRE POSESIVO

FUNCIONA COMO UN PRONOMBRE EN FUNCIÓN DE COMPLEMENTO DIRECTO, POR ELLO, **SIEMPRE LOS ENCONTRAREMOS AL FINAL DE LA ORACIÓN.**

MINE
YOURS
HIS
HERS
ITS
OURS
YOURS
THEIRS

GRAMMAR. PARA TRANSFORMAR EL ADJETIVO A PRONOMBRE, DEBEMOS AÑADIRLE UNA "S" CON LA EXCEPCION DE MINE Y HIS

- THIS IS **MINE**.
- THAT´S **YOURS**.
- THIS IS **HIS**.
- THAT IS **HERS**.
- THESE HAIRS ON THE PARKET ARE **ITS**.
- THIS IS **OURS**.
- THOSE ARE **YOURS**.
- THESE ARE **THEIRS**.

RECORDAD QUE SUSTITUYEN AL **SUSTANTIVO**

29.3 «A FRIEND OF» + PRONOMBRE POSESIVO

PARA EXPRESAR QUE ALGUIEN ES AMIGO DE OTRA PERSONA.

A FRIEND OF

- Yesterday, I met **A FRIEND OF MINE**.
  *AYER ME ENCONTRÉ CON **UN AMIGO MÍO**.*
- I always go to the theatre with **SOME FRIEND OF HIS**.
  *SIEMPRE VOY AL TEATRO CON **ALGUNOS AMIGO SUYO**. (DE ÉL)*
- She is going on a trip with **A FRIEND OF HERS**.
  *ELLA SE VA DE VIAJE **CON UN AMIGO SUYO** (DE ELLA)*

«WHOSE» «¿DE QUIÉN?»

CUANDO PRETENDEMOS PREGUNTAR **POR LA PROPIEDAD DE ALGO**, ...

«WHOSE»

29.4. WHOSE + SUSTANTIVO?

- **WHOSE CAR** is this?
  ¿DE QUIÉN ES ESTE COCHE?
- **WHOSE MOTORBIKE** is that?
  ¿DE QUIÉN ES ESA MOTOCICLETA?
- **WHOSE FLAT** is that?
  ¿DE QUIÉN ES ESE APARTAMENTO?
- **WHOSE GLASSES** are those?
  ¿DE QUIÉN SON ESAS GAFAS?
- **WHOSE SEATS** are these?
  ¿DE QUIÉN SON ESTOS ASIENTOS?

WHOSE. ES UN PRONOMBRE RELATIVO, EN EL QUE PROFUNDIZAREMOS MÁS ADELANTE

PUEDE IR SEGUIDO O NO, DEL SUSTANTIVO QUE DESIGNA LA PERTENENCIA POR LA QUE PREGUNTAMOS LA PROPIEDAD.

«WHOSE»
- WHOSE **IS THIS**?
- WHOSE **IS THAT**?
- WHOSE **ARE THOSE**?
- WHOSE **ARE THESE**?

29.5 EL GENITIVO SAJÓN

EL GENITIVO SAJÓN ES LA CONSTRUCCIÓN GRAMATICAL QUE SE UTILIZA PARA EXPRESAR **LA POSESIÓN DE UN SER VIVO**.

QUEREMOS **DAR A CONOCER EL NOMBRE DEL POSEEDOR**.

TIPOLOGÍA I. «´S»

SUSTANTIVO POSEEDOR SINGULAR.
AQUELLOS SUSTANTIVOS QUE **DESIGNAN A UN GRUPO, O COLECTIVIDAD**.

| ESTRUCTURA | SUSTANTIVO POSEEDOR´S | + SUSTANTIVO POSEIDO |

SUSTANTIVO SINGULAR
- My **BROTHER´S CAR** has an engine problem.
  EL COCHE DE MI HERMANO TIENE UN PROBLEMA DE MOTOR.
- Her **AUNT´S CHILDREN** all live in Asturias
  LOS HIJOS DE SU TÍA, TODOS VIVEN EN ASTURIAS.

GRAMMAR. SÓLO LOS SERES VIVOS (PERSONAS O ANIMALES) PODEMOS POSEER ALGO.

SUSTANTIVOS QUE DESIGNAN A UN GRUPO
- **MY CHILDREN´S COMPUTERS**
  LOS ORDENADORES DE LOS NIÑOS.
- **PEOPLE´S OPINION**.
  LA OPINION DE LA GENTE,
- The **WOMEN´S BOOK**
  EL LIBRO DE LAS MUJERES

TIPOLOGÍA II. «S´»

SUSTANTIVO POSEEDOR EN PLURAL.

| ESTRUCTURA | SUSTANTIVO POSEEDOR´ | + SUSTANTIVO POSEIDO |

SUSTANTIVO POSEEDOR EN PLURAL
- MY **PARENTS´ CAR**
  EL COCHE DE MIS PADRES
- THE **BIRDS´ FITHERS**.
  LAS PLUMAS DE LOS PÁJAROS

HAGAMOS UNA **COMPARATIVA** DE AMBAS TIPOLOGÍAS, **I** AND **II**.
- MY **BROTHER´S BICYCLE**
  LA BICICLETA DE MI HERMANO.
- MY **BROTHERS´ BICYCLE**
  LA BICICLETA DE MIS HERMANOS.

GRAMMAR. OBSERVA LA DIFERENCIA EN LOS POSEEDORES.

TIPOLOGÍA III. «´S»

CON VARIOS POSEEDORES, PERO DISTINTAS POSESIONES.

CADA UNO DE LOS POSEEDORES DEBE LLEVAR SU **«´S» EN CASO DE QUE SEA SINGULAR**, O SOLO EL APÓSTROFE **«´» SI SE TRATASE DE UN SUSTANTIVO PLURAL**; TAL Y COMO HEMOS VISTO ANTERIORMENTE

ESTRUCTURA	SUSTANTIVO POSEEDOR	+ SUSTANTIVO POSEIDO

AMBOS POSEEN COSAS DISTINTAS
- JOHN´S CAT AND MARY´S DOG ARE friends
  EL GATO DE JOHN Y EL PERRO DE MARY SON AMIGOS.

AMBOS POSEEN LO MISMO
- PETER AND ANDREA'S CAR IS very old.
  EL COCHE DE PETER Y ANDREA ES MUY ANTIGÜO.

GRAMMAR. EN ESTA TIPOLOGÍA DIFIERE LA POSESIÓN.

PAISES / CIUDADES / POBLACIONES
- SPAIN´S WEATHER is great.
  EL CLIMA EN ESPAÑA ES GENIAL.
- JAPAN´S POLLUTION increases every day.
  LA POLUCIÓN EN JAPÓN SE INCREMENTA CADA DÍA.
- FRANCE´S MONUMENTS are very nice
  LOS MONUMENTOS FRANCESES SON MUY BONITOS.

TIENDAS / IGLESIAS / CATEDRALES / CAPILLAS / BANCOS
- THE BAKER´S_ LA PANADERÍA.
- THE FISHMONGER´S _LA PESCADERÍA
- THE BUTCHER´S _LA CARNICERÍA
- ST. PETER´S CHURCH IN CHESTER
- ST. MARCO´S CATEDRAL.
- BUCKINGHAM´S CHAPEL.
- BARCLAYS´ BRANCH OFFICE.

NOMBRES PROPIOS APELLIDOS QUE FINALIZAN EN S
- The JONES´S PUPPY is very nice.
  EL CACHORRO DE LOS JONES ES MUY BONITO
- CERVANTES'S NOVELS

- She is going to stay in DANIEL´S.
  ELLA VA A QUEDARSE EN LA CASA DE DANIEL

GRAMMAR. EN ESTE CASO OMITIMOS EL USO DE "HOUSE".

EXPRESIONES TEMPORALES
- TODAY´S WEATHER.
  EL TIEMPO HOY
- TOMORROW´S MAGAZINE.
  LA REVISTA DE MAÑANA
- Next WEEKEND´S TRIP.
  EL VIAJE DEL PRÓXIMO FIN DE SEMANA.

LA PREPOSICIÓN «OF»

«OF»

UTILIZAREMOS ESTA PREPOSICIÓN, CUANDO NOS REFIRAMOS A **COSAS (OBJETOS) O LUGARES.**

- **THE FABRIC OF THE CHAIR.**
  LA TELA DE LA SILLA
- **THE VILLAIN OF THE MOVIE.**
  EL VILLANO DE LA PELICULA
- I LIKE **THE DESIGN** OF MY IMAC
  ME GUSTA EL DISEÑO DE MI IMAC
- **THE WHEEL** OF THE BIKE
  LA RUEDA DE LA BICICLETA.

«OF»

CUANDO EL SUSTANTIVO POSEEDOR PRECEDE **A UNA ORACIÓN DE RELATIVO INTRODUCIDA POR EL PRONOMBRE «WHO»**

- THESE ARE **THE HUSBANDS OF THE WOMEN WHO** ....
  ESTOS SON LOS MARIDOS DE LAS MUJERES QUÉ ...
- THIS IS **THE GARDEN OF THE TEACHER WHO** ....
  ESTE ES EL JARDÍN DEL PROFESOR QUÉ ...

UNIT 30 SOME vs ANY

SON **CUANTIFICADORES**, QUE **HACEN REFERENCIA A CANTIDADES INDEFINIDAS**, PERO A SU VEZ LIMITADAS; CONCRETAR LA CANTIDAD NO ES ESPECIALMENTE **RELEVANTE**.

LO QUE LOS DIFERENCIA A AMBOS DE OTROS YA VISTOS ANTERIORMENTE, COMO MUCH, MANY, ETC..., ES QUE PODEMOS UTILIZARLOS CON SUSANTIVOS **CONTABLES EN PLURAL E INCONTABLES**.

UTILIZAMOS «SOME»

EN FRASES AFIRMATIVAS

- I got **SOME NICE PRESENTS** for Christmas, this year.
  CONSEGUÍ ALGUNOS BUENOS REGALOS PARA NAVIDAD, ESTE AÑO.

- This job is going to take **SOME TIME**.
  ESTE TRABAJO VA A LLEVAR ALGO DE TIEMPO.

- Look! There are **SOME STORKS** on the roof of the church.
  ¡MIRA! HAY ALGUNAS CIGÜEÑAS EN EL TEJADO DE LA IGLESIA

- They need to make **SOME CHANGES** If they intend to be successful.
  NECESITAN HACER ALGUNOS CAMBIOS SI PRETENDEN TENER EXITO.

EN FRASES INTERROGATIVAS

CUANDO SOLICITAMOS U OFRECEMOS ALGO, CON EXPRESIONES COMO **WOULD YOU LIKE, DO YOU WANT, CAN I HAVE, ETC.**

- Would you like **SOME COFFEE**?
  ¿TE GUSTARÍA ALGO DE CAFÉ?
- Can I have **SOME SOUP** please?
  ¿PUEDO TOMAR ALGO DE SOPA POR FAVOR?
- Do you want **SOME TO EAT**?
  ¿QUIERES ALGO PARA COMER?

CUANDO ESPERAMOS QUE LA RESPUESTA SEA AFIRMATIVA.

- Have you got **SOME** water? …. Of course.
  ¿TIENES AGUA?

UTILIZAMOS «ANY»

EN FRASES NEGATIVAS

- I´m not going to buy **ANY CLOTHES**.
  NO VOY A COMPRAR ROPA.
- There aren´t **ANY MOTORBIKES** in the car park.
  NO HAY MOTOCICLETAS EN EL APARCAMIENTO.
- I don't need **ANY HELP**.
  NO NECESITO AYUDA.

EN FRASES INTERROGATIVAS

- Is there **ANY ICE** in the fridge?
  ¿HAY ALGO DE HIELO EN EL FRIGORÍFICO?
- Do you have **ANY OF THIS**?
  ¿TIERES ALGO DE ÉSTO?

UTILIZAMOS «ANY»

CUANDO TIENE SENTIDO DE CUALQUIERA, NO IMPORTA CUAL.

- You can come and ask for my help **ANY TIME**.
  PUEDES VENIR Y PEDIRME AYUDA EN CUALQUIER MOMENTO.
- You can sit **ANYWHERE**.
  PUEDES SENTARTE EN CUALQUIER PARTE.
- Which book shall I read? - **ANY ONE**; It's up to you
  ¿QUE LIBRO PUEDO LEER? CUALQUIERA, TU DECIDES.

EN FRASES EN LAS QUE «ANY» TIENE UN SENTIDO NEGATIVO

- My parents went out without **ANY MONEY**
  MIS PADRES SALIERON SIN DINERO.
- I´m sorry for **ANY TROUBLE** we may have caused.
  LO SIENTO POR CUALQUIER PROBLEMA QUE PUEDE QUE HAYAMOS CAUSADO.

CUANDO «ANY» VA DETRÁS DE «IF» OR «WHETHER»

- Let me know **IF** you need **ANYTHING**.
  AVÍSAME SI NECESITAS ALGO.

UTILIZAMOS «NO»

AMBOS SON DETERMINANTES QUE INDICAN NEGACIÓN.

NO + SUSTANTIVO.

"**NO**" VIENE PRECEDIDO NORMALMENTE DE "**THERE**" OR "**HAVE O HAVE GOT**"

- There are **NO MOTORBIKES** in the cark park.
  NO HAY MOTOCICLETAS EN LA PARKING DE COCHES.

- I´ve got **NO TIME** to enjoy my retirement
  NO TENGO TIEMPO PARA DISFRUTAR MI JUBILACIÓN.

UTILIZAMOS «NONE»

NONE.

NONE ES UN PRONOMBRE.

- Can you tell me what information the police gave you? **NONE**.
  ¿PUEDES DECIRME QUE INFORMACIÓN TE PROPORCIONÓ LA POLICÍA? NINGUNA.

NONE OF.

UTILIZAREMOS LA PREPOSICIÓN OF DETRÁS DE NONE, **CUANDO A SU VEZ PRECEDA A CUALQUIER OTRO DETERMIANTE** (DEMOSTRATIVO, POSESIVOS, ETC), **O PRONOMBRE PERSONAL OBJETO**.

- **NONE OF HIS** jobs last long enough.
  NINGUNO DE SUS TRABAJOS LE DURA LO SUFICIENTE.

  NONE OF US finished the race.
  NINGUNO DE NOSOTROS TERMINAMOS LA CARRERA.

UNIT 31 — LOS PRONOMBRES INDEFINIDOS

SE USAN PARA **REFERIRNOS A PERSONAS O COSAS (ANIMALES, LUGARES U OBJETOS), DE FORMA ESPECÍFICA O EN GENERAL**; SIN NECESIDAD DE ESPECIFICAR DE QUÉ O QUIÉN ESTAMOS HABLANDO.

CUADRO RESUMEN

	PERSONAS ONE OR BODY	OBJETOS THING	LUGARES WHERE
SOME	SOMEBODY / SOMEONE	SOMETHING	SOMEWHERE
ANY	ANYBODY / ANYONE	ANYTHING	ANYWHERE
NO	NOBODY / NO ONE	NOTHING	NOWHERE
EVERY	EVERYBODY / EVERYONE	EVERYTHING	EVERYWHERE

31.1. DERIVADOS DE «SOME»

ESTOS DERIVADOS DE **«SOME»** TIENEN UNA FUNCIÓN MUY SIMILAR A ÉSTE; LOS USAREMOS **EN FRASES AFIRMATIVAS.**

SOMEBODY / SOMEONE
- **SOMEBODY CALLS YOU.**
  ALGUIÉN TE LLAMÓ.

SOMETHING
- I saw **SOMETHING ON THE FLOOR THIS MORNING.**
  VI ALGO SOBRE EL PISO ESTA MAÑANA.

SOMEWHERE
- Let's find **SOMEWHERE** to **TAKE A BREAK.**
  ENCONTRAREMOS ALGÚN LUGAR PARA TOMARNOS UN RESPIRO.

Y EN LAS INTERROGATIVAS CUANDO ESPERAMOS UNA RESPUESTA CONCRETA.

- Can you see **SOMETHING THROUGH THE DOOR**?
  ¿PUEDES VER ALGO A TRAVÉS DE LA PUERTA?

SOMEBODY VS SOMEONE

TENIENDO MISMO SIGNIFICADO, "SOMEBODY" ES MENOS FORMAL Y ES MÁS COMUNMENTE UTILIZADO EN EL **SPEAKING**, SIENDO "SOMEONE", EL MÁS COMÚN EN EL **WRITING**.

31.2. DERIVADOS DE «ANY»

ESTOS DERIVADOS DE **«ANY»** LOS USAREMOS PARA REFERIRNOS **A GRUPOS ILIMITADOS DE PERSONAS Y COSAS**, CON EL VERBO EN **SINGULAR**.

ANYBODY / ANYONE
- **ANYBODY CAN BE** a thief.
  CUALQUIERA PUEDE SER UN LADRÓN.

ANYTHING
- Does **ANYONE HAVE ANY IDEA** what happened?
  ¿TIENE ALGUIÉN ALGUNA IDEA DE LO OCURRIDO?

ANYWHERE
- I would do **ANYTHING TO GET** a taxi.
  HARÍA CUALQUIER COSA PARA COGER UN TAXI.

SOMETHING VS ANYTHING

CON UN SIGNIFICADO MUY DIFERENTE, AMBAS PODEMOS UTILIZARLAS **EN LA INTERROGATIVA NEGATIVA**.

- Hadn´t he thought of **SOMETHING** to solve the problem?
  ¿NO HABÍA PENSADO EN ALGO PARA RESOLVER EL PROBLEMA?
- Hadn´t he thought of **ANYTHING** to solve the problem?

EN LA PRIMERA SE PIENSA QUE SÍ HA PENSADO EN ALGO, EN LA SEGUNDO NOS SORPRENDEMOS DE QUE NO LO HAYA HECHO.

31.3. DERIVADOS DE «EVERY»

USAREMOS ESTOS PRONOMBRES PERSONALES PARA **REFERIRNOS A LA TOTALIDAD DE PERSONAS, COSAS Y LUGARES.**

EVERYBODY / EVERYONE
- **EVERYBODY IS** exhausted
  TODOS ESTÁN AGOTADOS.

EVERYTHING
- **WAS EVERYTHING** ready?
  ¿ESTUVO TODO PREPARADO?

EVERYWHERE
- I have looked for my car keys **EVERYWHERE**.
  HE BUSCADO MIS LLAVES DEL COCHE EN TODAS PARTES.

31.4. USO DE LOS PRONOMBRES PERSONALES THEY, THEIR AND THEM

LOS UTILIZAREMOS EN UN ESTILO INFORMAL, **CUÁNDO DESCONOZCAMOS EL GÉNERO DE LA PERSONA.**

GRAMMAR. EN UN ESTILO FORMAL: USARÍAMOS **HIM OR HER, HIS OR HER.**

- **EVERYONE HAS TO DO** the course, when **THEY FINISH IT**, they will be assigned.
  TOTO EL MUNDO TIENE QUE HACER EL CURSO, CUANDO LO TERMINEN SERÁN DESTINADOS.

- Does **EVERYONE** locate **THEIR GUN**?
  ¿TIENE TODO EL MUNDO LOCALIZADA SU ARMA?

- If **ANYONE** would like to collaborate with the animal protector, **THEY CAN CONTACT** me at any time.
  SI ALGUIÉN QUISIERA COLABRORAR CON LA PROTECTORA DE ANIMALES, PUEDE CONTACTAR CONMIGO EN CUALQUIER MOMENTO.

- **EVERYONE** will have someone responsible for **THEM** at all times.
  TODO EL MUNDO TENDRÁ A ALGUIÉN RESPONSABLE DE ELLOS EN TODO MOMENTO.

31.5. PRONOMBRE INDEFINIDO + ELSE.

SE UTILIZA **PARA REFERIRNOS A ALGO O ALGUIÉN MENCIONADO CON ANTERIORIDAD**, Y ENFATIZAR.

- Would you like **SOMETHING ELSE TO DRINK**?
  ¿TE APETECERÍA ALGO MÁS DE BEBER?

- **NOBODY ELSE IN MY FAMILY** did anything interesting that holidays.
  NADIE MÁS DE MI FAMILIA HIZO ALGO INTERESANTE ESTAS VACACIONES

UNIT 32 — LOS PRONOMBRES REFLEXIVOS

SON **PRONOMBRES** QUE NOS **INDICAN SOBRE QUIÉN O QUÉ, RECAE LA ACCIÓN DEL VERBO.**

REFLEXIVE PRONOUNS

SIEMPRE HACEN REFERENCIA AL SUJETO, INDICANDO QUE **LA ACCIÓN QUE SE EJECUTA RECAE SOBRE ÉL.**

MYSELF
YOURSELF
HERSELF
HIMSELF
ITSELF
OURSELVES
YOURSELVES
THEMSELVES

- I sometimes **ASK MYSELF** why I lived there.
  A VECES ME PREGUNTO, POR QUÉ VIVÍ ALLÍ.

- Eloise **IS LOOKING AT HERSELF** in the mirror.
  ELOISE SE ESTÁ MIRANDO EN EL ESPEJO.

- He **HURTS HIMSELF** when he was jumping over a fence.
  SE LASTIMÓ CUANDO ESTABA SALTANDO UNA VALLA.

- My children **ENJOY THEMSELVES**.
  MIS HIJOS SE DIVIRTIERON.

- Don´t worry about us, we can **TAKE CARE OF OURSELVES**.
  NO TE PREOCUPES DE NOSOTROS, PODEMOS CUIDAR DE NOSOTROS MISMOS.

> **REFLEXIVOS.** CONCUERDAN EN GÉNERO Y NÚMERO CON EL SUJETO DE LA ORACIÓN.

- Please **HELP YOURSELF** OR **YOURSELVES**, to get some salad.
  POR FAVOR SÍRVETE O SERVÍOS, Y TOMAD ALGO DE ENSALADA.

> **OPOSICIONES.** ESTA UNIDAD PUEDE SER PREGUNTA DE EXÁMEN.

ALONE

SIGNIFICA QUE NOS ENCONTRAMOS SOLOS, SIN LA COMPAÑÍA DE NADIE MÁS.

> **ALONE.** SIN LA COMPAÑÍA FÍSICA DE ALGUIÉN.

- You can´t drink **ALONE**.
  NO DEBES BEBER SOLO.

- Can you help me, Susan? I can't do it **ALONE**.
  ¿ME PUEDES AYUDAR, SUSAN? NO PUEDO HACERLO SOLO.

LONELY

SIGNIFICA QUE ESTAMOS Y NOS SENTIMOS SOLOS; EN UN ASPECTO MÁS SENTIMENTAL, QUE FÍSICO.

> **LONELY.** PODEMOS SENTIR TRISTEZA, NOSTALGÍA, ETC.

- My son feels very **LONELY**; since he left home.
  MI HIJO SE SIENTE SÓLO. DESDE QUE ABANDONÓ EL HOGAR.

- I have felt **ALONE** during the whole pilgrimage of my town.
  ME HE SENTIDO SÓLO DURANTE TODA LA ROMERÍA DE MI PUEBLO.

BY MYSELF, ETC ...

BY MYSELF. MUY SIMILAR A ALONE.

HACER ALGO POR UNO MISMO, DE FORMA PERSONAL.

- You cannot drink it **BY YOURSELF.**
  NO PUEDES BEBÉRTELO **TU SÓLO**.

- See you later, guys; I will go there **BY MYSELF.**
  NOS VEMOS LUEGO, CHICOS; IRÉ **POR MI CUENTA**.

ON MY OWN

PARA DESCRIBIR **QUE LO QUE REALIZAMOS LOS HACEMOS BAJO NUESTRA RESPONSABILIDAD**, SIN LA INTERVENCIÓN DE UN TERCERO.

- Mary just wanted to sail around the world **IN HER OWN.**
  MARY SOLO QUERÍA NAVEGAR ALREDEDOR DEL MUNDO **POR SU CUENTA**.

MY OWN

USAMOS MY, YOUR, HIS, HER, ITS, OUR, THEIR, SEGUIDO DE **OWN** PARA **EXPRESAR QUE ALGO ES SOLO NUESTRO**...

- I want **MY OWN** room.
  QUIERO MI **PROPIA HABITACIÓN**.
- It´s **HER OWN** mistake.
  ES SU (DE ELLA) **PROPIO ERROR**.
- Why don't you use **YOUR OWN** toothbrush?
  ¿POR QUÉ NO USAS **TU PROPIO CEPILLO DE DIENTES**?

EACH OTHER_ EL UNO AL OTRO

USAMOS EACH OTHER PARA MOSTRAR **CÓMO CADA PERSONA INTEGRANTE DE UN GRUPO SE HACEN COSAS ENTRE ELLOS**.

- My English friends live near **EACH OTHER**
  MIS AMIGOS INGLESES VIVEN CERCA **EL UNO DEL OTRO**.

OBSERVA LA DIFERENCIA.
- My parents hurt **EACH OTHER**, during the divorce.
  MIS PADRES SE HICIERON DAÑO **EL UNO AL OTRO**, DURANTE EL DIVORCIO.

- My parents blamed **THEMSELVES** for the family business bankruptcy.
  MIS PADRES SE CULPARON (**CADA UNO A SÍ MISMO**), DE LA QUIEBRA DEL NEGOCIO FAMILIAR.

UNIT 33 — LOS ADJETIVOS

APORTAN INFORMACIÓN DEL SUSTANTIVO AL QUE CALIFICAN, ATRIBUYÉNDOLES ALGUNA CUALIDAD.

COMO NORMA GENERAL PRECEDEN AL SUSTANTIVO AL QUE CALIFICAN.

- We had a **WONDERFUL HOLIDAY**, in Prague.
  TUVIMOS UNAS VACACIONES MARAVILLOSAS EN PRAGA.
- I love **SPANISH GASTRONOMY**.
  ME ENCANTA LA GASTRONOMÍA ESPAÑOLA.
- Do you like **CLASSICAL MUSIC**?
  ¿TE GUSTA LA MÚSICA CLÁSICA?

GRAMMAR. PRESENTAN UNA FORMA ÚNICA, A SER INVARIABLES RESPECTO A GÉNERO Y NÚMERO.

SIN EMBARGO, VAN DETRÁS DEL VERBO TO BE.

- **MY RESEARCH** is **EASY** to understand
  MI INVESTIGACIÓN ES FÁCIL DE ENTENDER.
- **THE FILM** wasn´t **VERY GOOD; WAS IT?**
  LA PELÍCULA NO FUE MUY BUENA, ¿VERDAD?
- **THE WEATHER** is **AWFUL** at this time of year.
  El TIEMPO ES HORRIBLE EN ESTA ÉPOCA DEL AÑO.

LOOK – SOUND – FEEL – TASTE – SMELL

LOS VERBOS QUE TIENEN QUE VER CON **LOS SENTIDOS, O SENSACIONES**, PRECEDEN AL ADJETIVO; **EN OCASIONES EQUIVALEN A "PARECES".**

- You **LOOK** TIRED.   *PARECES CANSADO_LO VEO EN TU CARA*
- She **SOUNDS** HAPPY.   *PARECES FELIZ_LA VOZ POR EJEMPLO AL TELÉFONO*
- I **FEEL** ILL.   *ME SIENTO ENFERMO*
- It **TASTES** GOOD.   *SABE BIEN*
- It **SMELLS** NICE.   *HUELE BIEN.*

GRAMMAR. SI LOS SUSTITUYES POR EL VERBO TO BE, PRÁCTICAMENTE NO MODIFICAN SU SIGNIFICADO.

ORDEN DE LOS ADJETIVOS Y TIPOS

TAMAÑO	BIG, SMALL, LARGE
FORMA	ROUND, SQUARE
SITUACIÓN-ESTADO	BROKEN, …
ANTIGUEDAD	OLD, NEW…
COLOR	RED, BLUE, …
PROCEDENCIA	JAPANESE, ITALIAN
MATERIAL	WOOD, PLASTIC…

A **BIG OLD RED** AND **BLACK BICYCLE**

TIPOLOGÍA

ADJETIVOS DE HECHO

FACT ADJECTIVES
NOS FACILITAN **INFORMACIÓN OBJETIVA** SOBRE EL **TAMAÑO, EDAD, COLOR, PROCEDENCIA,**

ADJETIVOS DE OPINIÓN

OPININION ADJECTIVES
APORTAN **INFORMACIÓN SUBJETIVA**, AL CORRESPONDERSE CON OPINIONES.
NICE, INTERESTING, DELICIOUS, BEAUTIFUL, WONDERFUL, …

ÉSTE ULTIMO PRECEDE AL PRIMERO.

33.2. ADJETIVOS QUE FINALIZAN EN «ED VS ING»

MUCHOS **ADJETIVOS QUE DESCRIBEN SENTIMIENTOS** SE FORMAN A PARTIR DE VERBOS AÑADIENDO LAS **TERMINACIONES «ING OR ED»**

_ING

NOS HABLAN DE **CÓMO ES ALGO, UN TRABAJO, UNA PELICULA, ETC....**

- I think **POLITICS** is **INTERESTING**.
  CREO QUE LA POLÍTICA ES INTERESANTE.
- **MY JOB** is very **BORING**.
  MI TRABAJO ES MUY ABURRIDO.
- **THE NEWS** was **SHOCKING**.
  LAS NOTICIAS FUERON IMPACTANTES.
- **IT** was **SURPRISING** that he passed the driver exam.
  FUE SORPRENDENTE QUE PASARA EL EXÁMEN DE CONDUCCIÓN.

_ED

NOS HABLAN DE **CÓMO NOS SENTIMOS NOSOTROS...**

- I am **INTERESTED** in **POLITICS**.
  ESTOY INTERESADO EN LA POLÍTICA.
- I am very **BORED** with **MY JOB**.
  ESTOY MUY ABURRIDO CON MI TRABAJO.
- I was **SHOCKED** when I heard **THE NEWS**.
  ME QUEDÉ IMPACTADO CUANDO OÍ LAS NOTICIAS.
- I was **SURPRISED** when I heard she passed her driver exam
  ME SORPRENDIÓ CUANDO OÍ QUE HABÍA PASADO EL EXÁMEN DE CONDUCCIÓN.

33.3. «SO VS SUCH»

REFUERZAN EL SIGNIFICADO DEL ADJETIVO, ADVERBIO Y SUSTANTIVO.

«SO + ADJETIVO OR ADVERBIO»

SO

- I didn't like the novel; **THE STORY** was **SO BORING**.
  NO ME GUSTÓ LA NOVELA, LA HISTORIA ERA TAN ABURRIDA.
- **EVERYTHING** happened **SO QUICKLY**, that I couldn´t do anything.
  TODO OCURRIÓ TAN RÁPIDAMENTE, QUE NO PUDE HACER NADA.

«SUCH + SUSTANTIVO»

SUCH

- I didn't like the novel; it was **SUCH** a **BORING STORY**.
  NO ME GUSTÓ LA NOVELA, FUE UNA HISTORIA TAN ABURRIDA.
- I like your parents; they are **SUCH NICE PEOPLE.**
  ME GUSTAN TUS PADRES, SON UNA GENTE TAN AGRADABLE.

VINCIS. CENTRO DE ESTUDIOS

33.4. «ENOUGH VS TOO»

_ENOUGH

«ADJETIVO OR ADVERBIO + ENOUGH»

SIGNIFICA **SUFICIENTE**.

- She is **OLD ENOUGH** to make her own decisions.
  ES LO SUFICIENTEMENTE MAYOR PARA TOMAR SUS PROPIAS DECISIONES.
- I can´t run very fast, I´m not **FIT ENOUGH**.
  NO PUEDO CORRER MUY RÁPIDO, NO ESTOY SUFICIENTEMENTE EN FORMA.

«ENOUGH + SUSTANTIVO»

- I don't have **ENOUGH TIME** to finish it!
  NO TENGO TIEMPO SUFICIENTE PARA ACABARLO.
- She has **ENOUGH MONEY** to rent the apartment.
  ELLA TIENE SUFICENTE DINERO PARA ALQUILAR EL APARTAMENTO.

_TOO

«TOO + ADJETIVO/ ADVERBIO»

ES UN ADVERBIO QUE INDICA **DEMASIADO**.

- My daughter is **TOO IRRESPONSIBLE** to have a dog.
  MI HIJA ES DEMASIADO IRRESPONSABLE COMO PARA TENER UN PERRO.
- My wallet is **TOO BIG** to put in my pocket.
  MI CARTERA ES DEMASIADO GRANDE PARA METERLA EN MI BOLSILLO

_TOO MUCH/ MANY

ES UN ADVERBIO QUE INDICA QUE HAY **DEMASIADA CANTIDAD DE ALGO.**

CUANDO LO UTILIZAMOS CON UN SUSTANTIVO LAS EXPRESIONES SON:

«TOO MUCH/ MANY + SUSTANTIVO»

- There are **TOO MANY PEOPLE** on the queue.
  HAY DEMASIADA GENTE EN LA COLA.
- Is there **TOO MUCH SUGAR** in your tea?
  ¿HAY DEMASIADA AZUCAR IN TU TÉ?

ENOUGH/ TOO FOR

...FOR SOMEBODY OR SOMETHING

SIGNIFICA **SUFICIENTE**.

- This backpack isn't big **ENOUGH FOR ALL MY BOOKS**.
  *ESTA MOCHILA NO ES LO **SUFICIENTEMENTE GRANDRE PARA TODOS MIS LIBROS**.*

- Those trousers are **TOO SMALL FOR YOUR DAUGHTER**.
  *ESOS PANTALONES **SON DEMASIADO PEQUEÑOS PARA TU HIJA**.*

...TO DO SOMETHING

- I think it's **TOO FAR TO WALK HOME** from this place.
  *CREO QUE ESTÁ **DEMASIADO LEJOS PARA IR ANDANDO** A CASA DESDE ESTE LUGAR.*

- Sophie doesn´t have **ENOUGH EXPERIENCE TO GET** an interview.
  *SOPHIE NO TIENE **SUFIENCIENTE EXPERIENCIA PARA CONSEGUIR** UNA ENTREVISTA.*

THE BOAT IS WIDE ENOUGH FOR US TO CROSS THE RIVER

_ADJETIVOS

«KEEN TO» VS «KEEN ON»

CUANDO TENEMOS **INTERÉS, O MUCHAS GANAR EN HACER ALGO**.

OPOSICIONES. KEEN ON AND FOND OF, PUEDEN SER PREGUNTA DE EXÁMEN.

- My friend is a **KEEN** sommellier.
  *MI AMIGO ES **UN GRAN** SOMMELIER.*

- They were **KEEN TO** finish the project on time.
  *ESTABAN **INTERESADOS** EN TERMINAR EL PROYECTO A TIEMPO..*

- In my family, we are all **KEEN ON** mystery novels.
  *EN MI FAMILIA, TODOS SOMOS **ENTUSIASTAS** DE LAS NOVLEAS DE MISTERIO.*

«FOND OF»

CUANDO **ALGO O ALGUIÉN NOS ENCANTA**.

- The British is very **FOND OF** drinking tea.
  *LOS BRITÁNICOS SON MUY **AFICIONADOS** A TOMAR TÉ.*

- I´m really **FOND OF** cookery programmes.
  *SOY REALMENTE MUY **AFICIONADO** A LOS PROGRAMAS DE COCINA.*

UNIT 34 — LOS ADVERBIOS

EL **ADVERBIO** NOS EXPLICA CÓMO SE LLEVAN A CABO LAS ACCIONES. COMO NORMA GENERAL, **SE SITÚA DETRÁS DEL VERBO AL QUE MATIZA**.

CONSTRUCCIÓN

COMO NORMA GENERAL **SE AÑADE «LY» AL ADJETIVO**, SALVO EXCEPCIONES.

- BAD - **BADLY**.
  IT WAS A **BAD** MATCH OR THE TEAM PLAYED **BADLY**
- QUIET - **QUIETLY**.
- DANGEROUS - **DANGEROUSLY**.

- Please, **CLOSE** the door **SLOWLY**.
  POR FAVOR SIERRA LA PUERTA **LENTAMENTE**.
- Her words are **CLEARLY** IRRESPONSIBLE.
  SUS PALABRAS **SON CLARAMENTE IRRESPONSABLES**.

GRAMMAR. AL IGUAL QUE LOS ADJETIVOS SON INVARIABLES RESPECTO A GÉNERO Y EL NÚMERO.

SE SUSTITUYE LA «Y» POR UNA «I», Y AÑADIMOS «LY»
SI EL ADJETIVO TERMINA EN "Y"

- HEAV**Y** - HEAV**ILY**.
- EAS**Y** - EAS**ILY**.

OPOSICIONES. LA DISTINCIÓN ENTRE ADJETIVO Y ADVERBIO, SUELE SER PREGUNTA DE EXÁMEN.

EXCEPCIONES

TIENEN LA FUNCIÓN DE ADJETIVO Y ADVERBIO.

FAST
HARD
LATE
EARLY
DAILY
FAIR_JUSTO

FUNCIÓN ADJETIVO
- It´s a **DAILY** NEWSPAPER.
  ES UN **PERÍODICO DIARIO**.

FUNCIÓN ADVERBIO
- It´s rains **DAILY** IN MY TOWN.
  LLUEVE **DIARIMAENTE EN MI PUEBLO**.

FRIENDLY, LOVELY, SILLY, LONELY
ALGUNOS ADJETIVOS YA DE POR SÍ INCORPORAN EL SUFIJO –LY–

34.1. FALSE FRIENDS

ALGUNOS ADJETIVOS COMPARTEN LA FORMA ADVERBIAL, PESE A TENER SIGNIFICADOS MUY DIFERENTES.

HARDLY_APENAS
LATELY_ÚLTIMAMENTE
LOWLY_HUMILDEMENTE
FAIRLY_ESCASAMENTE

- I **HARDLY** Know her.
  APENAS LA CONOZCO.
- What have you been doing **LATELY**?
  ¿QUÉ HAS ESTADO HACIENDO **ÚLTIMAMENTE**?

«GOOD VS WELL»

GOOD — ADJETIVO

COMO ADJETIVO SE SITUARÁ DETRÁS DEL VERBO **«TO BE»** Y PRECEDIENDO A UN SUSTANTIVO.

- Your English **IS VERY GOOD**.
  TU INGLÉS ES MUY BUENO.
- We have a **GOOD WHITE WINE** in the wine cellar
  TENEMOS UN BUEN VNO BLANCO EN LA VINOTECA

WELL — ADVERBIO

CUANDO ALGO SE HACE **DE FORMA CORRECTA**.

- You pronounce English very **WELL**.
  PRONUNCIAS INGÉS MUY BIEN.

CUANDO **PRECEDE A UN VERBO QUE FINALIZA EN «ED»**

- I want my ribeye **WELL**-COOKED
  QUIERO MI CHULETÓN BIEN HECHO.

ADJETIVO

NO OBSTANTE, **USAMOS WELL COMO ADJETIVO, EN REFERENCIA A LA SALUD DE LAS PERSONAS.**

- How do you feel today? **I´M VERY WELL**, thanks.
  ¿CÓMO TE SIENTES HOY? MUY BIEN, GRACIAS.
  SIGNIFICA TAMBIÉN QUE TENEMOS BUENA SALUD.

GRAMMAR. WELL LO UTILIZAREMOS IGUALMENTE COMO PUNTO DE INFLEXIÓN EN UN DISCURSO.

- **WELL**, it´s difficult to say.
- *BIEN, ES DIFICIL DE DECIR.*

VINCIS. CENTRO DE ESTUDIOS

UNIT 35 — EL COMPARATIVO

LOS **ADJETIVOS COMPARATIVOS** COMPARAN UNA PERSONA O COSA, CON OTRAS; Y **NOS PERMITEN EXPRESAR, EN MAYOR O MENOR MEDIDA, EL GRADO DE UNA MISMA CUALIDAD. O CANTIDAD.**

GRAMMAR. EL COMPARATIVO SE CONSTRUYE A PARTIR DEL ADJETIVO/ADVERBIO, DE MANERA DIFERENTE DEPENDIENDO DEL NÚMERO DE SÍLABAS DE ÉSTOS.

ADJETIVOS MONOSÍLABOS

LOS ADJETIVOS/ ADVERBIOS QUE TIENE UNA SOLA SÍLABA SE FORMAN AÑADIÉNDOLE **«ER»**

SI FINALIZAN EN "E" SOLO AÑADIMOS LA **«R»**

My father is **TALLER**.
MI PADRE ES MÁS ALTO.
The yellow flowers are **NICER**.
LAS FLORES AMARILLAS SON MÁS AGRADABLES
The snail is **SLOWER**.
EL CARACOL ES MÁS LENTO
I will phone you **LATER**.
TE LLAMARÉ MÁS TARDE.

TALL**ER**
NIC**ER**
SLOW**ER**
LAT**ER**

OPOSICIONES. SUELE SER PREGUNTA DE EXÁMEN.

BISÍLABOS QUE TERMINA EN «Y»

BISÍLABOS QUE TERMINAN EN **«Y»**
SUSTITUIMOS ÉSTA POR **«I»** Y LE AÑADIMOS EL SUFIJO **«ER»**

A melon is **HEAVIER** than a grape.
UN MELÓN ES **MÁS PESADO QUE** UNA UVA.
It´s **EASIER** to take a bus
ES **MÁS FÁCIL COGER** UN AUTOBÚS.
I am **HAPPIER** than ever.
ESTOY **MÁS FELIZ QUE** NUNCA.

HEAVY – HEAVI**ER**
EASY - EASI**ER**
HAPPY – HAPPI**ER**

RESTO DE BISÍLABOS POLISÍLABOS

LOS ADJETIVOS DE MÁS DE UNA SÍLABA SE FORMAN ANTEPONIÉNDOLE **MORE**

Your bed is **MORE COMFORTABLE**.
TU CAMA ES MÁS CONFORTABLE.
Paris is **MORE BEAUTIFUL**.
PARIS ES MÁS BONITO.
They were **MORE POLITE**.
FUERON MÁS EDUCADOS.

REGLAS PARA DUPLICAR LA CONSONANTE FINAL

LOS QUE TIENEN UNA VOCAL ENTRE DOS CONSONANTES

That house is **BIGGER**
MI CASA ES MÁS GRANDE.
My dog is **THINNER**
MI PERRO ES **MÁS DELGADO**

BIG - BIGGER
THIN – THINNER

SE DUPLICA LA CONSONANTE FINAL EN LOS SUSTANTIVOS FORMADOS POR UNA VOCAL DE PRONUNCIACIÓN CORTA Y ACENTUADA EN LA ÚLTIMA SÍLABA.

The weekend will be **SUNNY**   SUN – SUNNY

35.2. COMPARATIVOS IRREGULARES

ALGUNOS ADJETIVOS/ADVERBIOS FORMAN EL COMPARATIVO DE FORMA IRREGULAR.

GOOD / WELL	BETTER
BAD / BADLY	WORSE
FAR	FARTHER OR FURTHER.
LITLTE	LESS
FEW	FEWER
MUCH / MANY	MORE

35.3. LA CONJUNCIÓN «THAN»

USAMOS THAN CUANDO HABLAMOS DE LA RELACIÓN ENTRE DOS SUSTANTIVOS (COSA, PERSONA, LUGAR, ETC), PARA PRESENTAR LA SEGUNDA PARTE DE LA COMPARACIÓN.

CONJUNCIÓN «THAN»

- I start work **EARLIER THAN MY BROTHER**
  EMPIEZO A TRABAJAR MÁS TEMPRANO QUE MI HERMANO.

- She is **MORE INTELLIGENT THAN HER SISTER**
  ES MÁS INTELIGENTE QUE SU HERMANA.

- He is **YOUNGER THAN JANE**
  ES MÁS JOVEN QUE JANE

- I am a **BETTER** swimmer **THAN YOU**
  SOY MEJOR NADADOR QUE TÚ.

MORE THAN VS LESS THAN

MORE THAN — *MÁS QUE*
LESS THAN — *MENOS QUE*

- She is **MORE INTELLIGENT** than...
  ELLA ES MÁS INTELIGENTE QUE...
- Mont Blanc is **LESS HIGH** than Mount Everest.
  EL MONT BLANCK TIENES MENOS ALTURA QUE EL EVEREST.

A BIT MORE VS MUCH MORE

A BIT MORE THAN
MUCH MORE THAN

MY CAMERA IS MORE EXPENSIVE OR ...
- **A BIT MORE EXPENSIVE.**
  UN POQUITO MÁS CARO...
- **MUCH MORE EXPENSIVE.**
  MUCHO MÁS....
- I start work **A BIT EARLIER** THAN my brother
  EMPIEZO A TRABAJAR UN POQUITO MÁS TEMPRANO...
- She is **MUCH MORE INTELLIGENT** THAN her sister
  ELLA ES MUCHO MÁS INTELIGENTE

35.5. «AS + ADJETIVO/ ADVERBIO + AS»

USAMOS ESTA ESTRUCTURA DEL COMPARATIVO CUANDO QUEREMOS COMPARAR CUALIDADES O ATRIBUTOS IDÉNTICOS, O NÓ.

CUALIDADES IDÉNTICAS

- Albert is **AS BIG AS** HIS BROTHER.
  TOM ES TAN GRANDRE COMO SU HERMANO
- I am **AS ANGRY AS** YOU were yesterday.
  ESTOY TAN ENFADADO COMO ESTUVISTE AYER.
- She is **AS AMAZING AS** JANE.
  ELLA ES TAN DIVERTIDA COMO JANE.

CUALIDADES O ATRIBUTOS DESIGUALES

Mont Blanc is **NOT AS HIGH AS** MOUNT EVEREST.
EL MONT BLANC NO ES TAN ALTO COMO EL EVEREST

EN LA NEGATIVA "SO" ES TAMBIÉN POSIBLE.
It's not warm, but it's **NOT SO COLD AS** LAST WEEK.
NO HACE CALOR, PERO NO HACE TANTO FRIO COMO LA SEMANA PASADA.

CANTIDADES IDÉNTICAS

A MUCH AS
AS LITTLE AS

PARA SUSTANTIVOS **INCONTABLES**
- Frank eats **AS MUCH FOOD AS** Julia.
  FRANK COME TANTA COMIDA COMO JULIA.
- Robert has **AS LITTLE PATIENCE AS** her brother.
  ROBERT TIENE TAN POCA PACIENCIA COMO SU HERMANO

A MANY AS
AS FEW AS

PARA SUSTANTIVOS CONTABLES.
- They have AS MANY CHILDREN AS we do.
  TIENEN TANTO NIÑOS COMO NOSOTROS.
- Tom usually reads AS FEW BOOKS AS his sister.
  TOM SUELE LEER TANTOS LIBROS COMO SU HERMANA.

«OLDER VS ELDER»

CULTURILLA GENERAL.

OLDER

USAMOS EXCLUSIVAMENTE OLDER CON EL COMPARATIVO SEGUIDO DE LA PARTÍCULA "THAN".

EXCLUSIVAMENTE CUANDO HABLAMOS DE LAS RELACIONES DENTRO DE LA FAMILIA.

- I think her grandfather must be **OLDER THAN HER GRANDMOTHER**.
  CREO QUE SU ABUELO DEBE SER MAYOR QUE SU ABUELA.

- **MY OLDER SISTER** is coming to stay with us at Christmas.
  MI HERMANA MAYOR VIENE A QUEDARSE CON NOSOTROS EN NAVIDAD.

- My bicycle looks **OLDER THAN IT REALLY IS.**
  MI BICI PARECE MÁS ANTIGUA DE LO QUE REALMENTE ES.

ELDER

EXCLUSIVAMENTE CUANDO HABLAMOS DE LAS RELACIONES DENTRO DE LA FAMILIA.

- She's **MY ELDER** sister.
  ELLA ES MI HERMANA MAYOR
- **MY ELDER** son is a film director.
  MI HIJO MAYOR ES DIRECTOR DE CINE.

ELDER JAMÁS SE UTILIZARÁ COMO EL COMPARATIVO DE OLDER CONJUNTAMENTE CON LA PARTÍCULA «THAN».

- ~~I THINK HER GRANDFATHER MUST BE~~ **ELDER THAN** ~~…~~

35.6 EL DOBLE COMPARATIVO

SE USA ESTE TIPO DE COMPARATIVAS **CUANDO HAY UNA RELACIÓN ENTRE DOS COSAS Y VARÍAN CONSECUENTEMENTE UNA CON OTRA.**

| ESTRUCTURA | THE + COMPARATIVO + SUJETO + VERBO | THE + COMPARATIVO + SUJETO + VERBO |

THE OLDER I get, **THE WISER** I am
CUANTO MAS MAYOR ME HAGO, MÁS SABIO SOY.

THE BIGGER a car is; **THE MORE** petrol it uses.
CUANTO MÁS GRANDE ES EL COCHE, MÁS GASOLINA CONSUME.

THE Riskier it is; **THE MORE** I enjoy the experience.
CUANTO MÁS ARRIESGADO ES, MÁS DISFRUTO LA EXPERIENCIA.

GRAMMAR. COMO NORMA GENERAL ESTA ES SU ESTRUCTURA, CON LAS SALVEDADES QUE VEREMOS A CONTINUACIÓN.

LA EXPRESIÓN COMPARATIVA PUEDE ESTAR FORMADA POR

EL ADJETIVO COMPARATIVO

THE STRONGER, THE BETTER.
CUANTO MAS FUERTE, MEJOR.

THE MORE / THE LESS

THE LESS I love you, **THE MORE** you love me.
CUANTO MENOS TE QUIERO, MÁS ME QUIERES.

THE LESS you eat, **THE LESS** you want.
CUANTO MENOS COMES, MENOS QUIERES.

THE MORE / THE LESS / THE FEWER + SUSTANTIVO

THE FEWER PROBLEMS we have, **THE HAPPIER** we are.
CUANTO MENOS PROBLEMAS TENEMOS, MAS FELICES SOMOS.

THE MORE TRAFFIC there is, **THE MORE** difficult **DRIVING** is for me.
CUANTO MÁS TRÁFICO HAY, MÁS DIFICIL ES PARA MI LA CONDUCCIÓN.

THE LESS WINE we drink; **THE MORE BEER** we will drink.
CUANTO MENOS VINO BEBAMOS, MÁS CERVEZA BEBEREMOS.

EL COMPARATIVO CRECIENTE O DECRECIENTE.

MORE AND MORE

My life is **NICER AND NICER.**
MI VIDA ES CADA VEZ MÁS AGRADABLE.

LESS AND LESS

My parents have got **LESS and LESS MONEY.**
MIS PADRES TIENEN CADA VEZ MENOS DINERO.

FEWER AND FEWER

The company has **FEWER and FEWER WORKERS.**
LA COMPAÑÍA TIENE CADA VEZ MENOS TRABAJADORES.

UNIT 35B — EL SUPERLATIVO

EXPRESA UNA CARACTERÍSTICA EN SU GRADO MÁXIMO.

ESTRUCTURA

ADJETIVOS_ADVERBIOS MONOSÍLABOS

LOS **ADJETIVOS/ADVERBIOS MONOSÍLABOS** SE FORMAN AÑADIÉNDOLE «**EST**»; SI FINALIZAN EN «**E**» SOLO AÑADIMOS LA «**ST**»

HARDEST
NICEST
SLOWEST
LONGEST
FEWEST

- This is **MY HARDEST** day in the company.   HARD**EST**
  ESTE ES MI DÍA MÁS DURO EN LA COMPAÑIA.
- The black chocolate is **THE NICEST**.   NICER**ST**
  EL CHOCOLATE NEGRO ES EL MEJOR
- The snail is **THE SLOWEST**.   SLOW**EST**
  EL CARACOL ES EL MÁS LENTO.
- What is **THE LONGEST** river in the world?   LONG**EST**
  ¿CUAL ES EL RIO MÁS LARGO EN EL MUNDO?
- I drunk **THE FEWEST** glasses of red wine at the party.
  FUI EL QUE BEBIÓ MENOS VASOS DE VINO EN LA FIESTA.

> **EL SUPERLATIVO.** VIENE PRECEDIDO NORMALMENTE POR EL ARTÍCULO "THE", O UN ADJETIVO POSESIVO.

LOS QUE TERMINAN EN "Y" SUSTITUIMOS ÉSTA POR "I", Y LE AÑADIMOS "EST"

- Taking a taxi would be **THE EASIEST**.   EASY_EAS**IEST**
  COGER UN TAXI SERÍA LO MÁS FÁCIL.
- I am **THE HAPPIEST** man in the world.   HAPPY_HAPP**IEST**
  SOY EL HOMBRE MÁS FELIZ DEL MUNDO

LOS ADJETIVOS DE MÁS DE UNA SÍLABA SE FORMAN ANTEPONIÉNDOLES "MOST"

- Your bed is **THE MOST COMFORTABLE** in the Hotel.
  TU CAMA ES LA MÁS COMFORTABLE DEL HOTEL.

- The Guggenheim in Bilbao is one of **THE MOST FAMOUS MUSEUMS** in the world.
  EL GUGGENHEIM EN BILBAO ES UNO DE LOS MUSEOS MÁS FAMOSOS EN EL MUNDO.

- They were **THE POLITEST** in the meeting.
  ELLOS FUERON LOS MÁS EDUCADOS EN LA REUNIÓN.

PUEDEN IR SEGUIDO DE UN SUSTANTIVO, NO.

- I was the **OLDEST PLAYER** in the team.
  ERA EL JUGADOR DE MAYOR EDAD EN EL EQUIPO.

  I was the **OLDEST** in the team.

CONSTRUCCIONES IRREGULARES

- **BEST.**
- **WORST.**
- **FARTHEST OR FURTHEST.**
- **THE LEAST**
- **THE MOST**

GRADO POSITIVO

COMPARATIVO SUPERLATIVO

GRADO: POSITIVO   COMPARATIVO   SUPERLATIVO

The new worker is a **LITTLE** shy.
EL NUEVO TRABAJADOR ES UN POCO TÍMIDO.

The new worker is **LESS** shy **THAN** the CEO of the company.
EL NUEVO TRABAJADOR ES MÁS TÍMIDO QUE EL DIRECTOR DE LA COMPAÑÍA.

The new worker is the **LEAST** shy in the company.
EL NUEVO TRABAJADOR ES EL MÁS TÍMIDO DE LA COMPAÑÍA.

VS EL SUPERLATIVO DE OLD

That church is **THE OLDEST** building in the town.
ESA IGLESIA ES EL EDIFICION MÁS ANTIGUO EN LA CIUDAD.

THEIR OLDEST son is 13 years old.

EXCLUSIVAMENTE CUANDO HABLAMOS DE LAS RELACIONES DENTRO DE LA FAMILIA.

CULTURILLA GENERAL.

- **Their ELDEST DAUGHTER** is 12 years old.
  SI HIJA MAYOR TIENE DOCE AÑOS.
- Are you **the ELDEST** in your family?
  ¿ERES EL MAYOR DE TU FAMILIA?
- She is at the moment **THE ELDEST MEMBER** of my family.
  ELLA EN ESTE MOMENTO EL MIEMBRO MÁS ANCIANO DE MI FAMILIA.

~~That church is~~ **THE ELDEST** ~~building in the town~~.

UNIT 36 — LOS PRONOMBRES INTERROGATIVOS

PRONOMBRES QUE ALUDEN A UN SUJETO MENCIONADO PREVIAMENTE EN LA ORACIÓN, Y EVITAR TENER QUE REITERARLOS.

46. PRONOMBRES INTERROGATIVOS

WHO

ES UN PRONOMBRE INTERROGATIVO QUE NOS PERMITE INDAGAR EN **REFERENCIA A LAS PERSONAS.**
TIENE UNA DOBLE FUNCIÓN DE, **SUJETO Y OBJETO** DE LA ORACIÓN.

OPOSICIONES. ESTA UNIDAD SUELE SER PREGUNTA DE EXÁMEN.

FUNCIÓN SUJETO

WHO **BROKE** the lamp?
¿QUIÉN ROMPIÓ LA VENTANA?

WHO **SAW** you at home?
¿QUIÉN TE VIÓ EN CASA?

VS

FUNCIÓN OBJETO

WHO **DID** you **SEE** at home?
¿A QUIÉN VISTES EN CASA?

WHO. COMO HEMOS VISTO CON ANTERIORIDAD, TAMBIÉN HACES LAS VECES DE PRONOMBRE INTERROGATIVO.

WHOM

AL IGUAL QUE WHO, USAMOS ESTE PRONOMBRE PARA PREGUNTAR EN REFERENCIA A LAS **PERSONAS**, CUANDO ÉSTAS SON EL **OBJETO** DE VERBO; ES DECIR LA PERSONA **SOBRE LA QUE RECAE LA ACCIÓN**.

FUNCIÓN OBJETO

WHOM DID the Company **CHOOSE** for the job?
¿QUIÉN ELIGIÓ LA COMPAÑÍA PARA EL TRABAJO?

TO WHOM WAS the letter addressed?
¿A QUIÉN SE DIRIGIÓ LA CARTA?

COMUNMENTE SE UTILIZA WHOM PRECEDIDO DE **PREPOSICIONES**.

- **FOR WHOM WAS** the bouquet of flowers?
  ¿PARA QUIÉN ERA EL RAMO DE FLORES?
- **WHO WAS** the bouquet of flowers **FOR**?

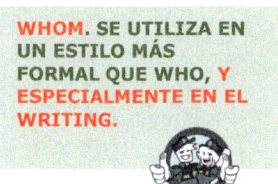

WHOM. SE UTILIZA EN UN ESTILO MÁS FORMAL QUE WHO, Y ESPECIALMENTE EN EL WRITING.

WHOSE

ES UN PRONOMBRE INTERROGATIVO QUE **NOS PERMITE PREGUNTAR POR LA POSESIÓN DE ALGO.**

- WHOSE **WATCH** is this?
  ¿DE QUIÉN ES ESTE RELOJ? (DE PULSERA)

VS

- For WHOM was **this watch**?
  ¿PARA QUIÉN ERA ESTE RELOJ?

WHOSE. EN LAS FRASES DE REALTIVO PRECEDERÁ SIEMPRE A UN SUSTANTIVO

WHICH

ES UN PRONOMBRE INTERROGATIVO QUE NOS PERMITE PREGUNTAR EN REFERENCIA A **ANIMALES y COSAS.**

- **The STUDY WHICH** he refers to is outdated
  EL ESTUDIO AL QUE SE REFIERE, ESTÁ DESFASADO.
- That´s **the CASTLE WHICH** we visit in spring
  ESE ES EL CASTILLO QE VISITAMOS EN PRIMAVERA.

AL IGUAL QUE WHOM, SE SUELE UTILIZAR PRECEDIDO DE **PREPOSICIONES**

- There are many apartments **IN WHICH** the windows have been removed
  HAY MUCHOS APARTAMENTOS EN LOS QUE LAS VENTANAS HAN SIDO RETIRADAS.

36.1. FRASES Y PRONOMBRES DE RELATIVO

SON ORACIONES SUBORDINADAS **QUE AMPLIAN INFORMACIÓN**, NECESARIA PARA ENTENDER DE QUIÉN O DE QUÉ, ESTAMOS HABLANDO.
EL PRONOMBRE RELATIVO SE ENCUENTRA EN LUGAR DE UN SUSTANTIVO, QUE SUELE <u>PRECEDERLO</u> EN LA ORACIÓN.

36.1. ORACIONS SUBORDINAS ESPECIFICATIVAS

FRASES DE RELATIVO. WHO

ES UN PRONOMBRE RELATIVO QUE NOS PERMITE INTRODUCIR UNA FRASE DE RELATIVO, EN **REFERENCIA A LAS PERSONAS.**

HARÁ FUNCIÓN DE **SUJETO DE LA ORACIÓN**.

- It was **YOU** **WHO found the body** this morning.
  FUISTE TÚ QUIÉN ENCONTRÓ EL CUERPO ESTA MAÑANA.
- This is the **THIEF** **WHO stole** your motorbike.
  ESTE ES EL LADRÓN QUE ROBÓ TU MOTOCICLETA.
- The **BAKER** **WHO was** in a hurry...
  El PANADERO QUE TENÍA PRISA....

HARÁ FUNCIÓN DE **OBJETO DE LA ORACIÓN**.

- Our **NEIGHBOUR,** **WHO** the wallet belonged **TO** ...
  NUESTRO VECINO, A QUIEN PERTENECÍA LA CARTERA ...

FRASES DE RELATIVO. WHOM

HARÁ FUNCIÓN DE **SUJETO DE LA ORACIÓN**.

- The **police** didn´t know **TO WHOM** the WALLET belongs.
  LA POLICÍA NO SABÍA A QUIEN PERTENECE LA CARTERA.
- The **police** didn´t know **WHO** the WALLET belongs **TO**.

USO HABITUALMENTE EN LAS **ORACIONES DE RELATIVO EXPLICATIVAS**.

- The **girl, WHOM you** saw at the airport, is my sister.
  LA CHICA A QUIÉN VISTES EN EL AEROPUERTO, ES MY HERMANA.

FRASES DE RELATIVO. WHICH

SE PUEDE UTILIZAR PARA LAS **ANIMALES, LUGARES, Y COSAS.**

- My father bought an **APARTMENT WHICH is** so expensive.
  MI PADRE COMPRÓ UNA APARTAMENTO QUE ES DEMASIADO CARO.

- I don´t like **FILMS WHICH contain** violent scenes.
  NO ME GUSTÁN PELÍCULAS QUE CONTENGAN ESCENAS VIOLENTAS.

- I want a **PHONE WHICH has** the latest features and news.
  QUIERO UN TELEFÓNO QUE TENGA LAS ÚLTIMAS CARACTERÍSTICAS Y NOVEDADES

FRASES DE RELATIVO. THAT

CUANDO DEFINEN AL SUSTANTIVO, SUSTITUYE A LOS PRONOMBRES DE RELATIVO **WHO, WHOM y WHICH**.

- This is the **NOVEL** **THAT** won the Pulitzer Prize.
  ESTA ES LA NOVELA QUE GANÓ EL PULITZER.
- This is the **CHEF** **THAT** received the prize.
  ESTE ES EL CHEF QUE RECIBIÓ EL PREMIO.

FRASES DE RELATIVO. WHOSE

ES UN PRONOMBRE RELATIVO QUE NOS PERMITE INTRODUCIR UNA FRASE DE RELATIVO QUE INDICA **POSESIÓN** POR PARTE DE PERSONAS, ANIMALES O COSAS.

HARÁ FUNCIÓN DE **SUJETO DE LA ORACIÓN**.

- The **boy**, **WHOSE FIANCÉE** works in a bank, studies in my Institute
  EL CHICO CUYA PAREJA TRABAJA EN EL BANCO, ESTUDIA EN MI INSTITUTO.
- That´s the **girl**, **WHOSE PARENTS** got divorced.
  ESA ES LA CHICA CUYOS PADRES SE DIVORCIARON.
- These are the parents, **WHOSE SON** is so good at Maths.
  ESTOS SON LOS PADRES CUYO HIJO ES TAN BUENO EN MATEMATICAS.

OMISIÓN DEL PRONOMBRE DE RELATIVO.

CUANDO ES EL OBJETO DE LA FRASE.

- The **exam** (THAT) **I´ve** done today won't be corrected till next week.
  EL EXAMEN QUE HE HECHO HOY, NO SERÁ CORREGIDO HASTA LA PRÓXIMA SEMANA.
- The **woman** (WHO) **I'm** dating is my childhood friend.
  LA MUJER CON QUIEN ESTOY SALIENDO ES MI AMIGA DE LA INFANCIA.

WHEN/ WHERE.

WHEN WHERE — PODEMOS UTILIZARLOS EN SUSTITUCION DEL PRONOMBRE **WHICH** PARA HACER MÁS ENTENDIBLE LA FRASE.

- The **ENGLISH ACADEMY WHERE** I study is excellent.
  LA ACADEMIA DÓNDE ESTUDIO ES EXCELENTE.
- That was the **YEAR WHEN** we bought our apartment.
  ESE FUE EL AÑO CUANDO COMPRAMOS NUESTRO APARTAMENTO.

FRASES DE RELATIVO. WHAT

ESTE PRONOMBRE INTERROGATIVO, NO **SE USA NUNCA** EN LA FRASES DE RELATIVO.

36.2. ORACIONES SUBORDINADAS EXPLICATIVAS

APORTAN UNA EXPLICACIÓN ADICIONAL, PRESCINDIBLE Y QUE SI LA OBVIAMOS NO ALTERA EL SIGNIFICADO DE LO QUE PRETENDEMOS DECIR; **VAN ENTRE COMILLAS.**

36.2 ORACIONS SUBORDINAS EXPLICATIVAS

MY BOSS IS AFRAID OF DOGS
*MY BOSS, **WHO IS VERY NICE**, IS AFRAID OF DOGS.*

THAT BOY STUDIES IN MY INSTITUTE.
*THAT BOY, **WHOSE FATHER WORKS IN A BANK**, STUDIES IN MY INSTITUTE.*

THE SOFA IS VERY COMFORTABLE.
*THE SOFA, **WHICH IS VERY EXPENSIVE**, IS VERY COMFORTABLE.*

UNIT 37 — EL CONDICIONAL

ESPECULAMOS ACERCA DE **LO QUE PODRÍA HABER OCURRIDO O DESEARIAMOS QUE OCURRIESE.**

EL CONDICIONAL. SUELE SER PREGUNTA DE EXÁMEN.

IF. CONDICIONAL TIPO 0

LA CONDICIÓN Y EL RESULTADO SON CIERTOS, COMO POR EJEMPLO LOS HECHOS CIENTÍFICOS.

ESTRUCTURA

IF / WHEN _ PRESENTE SIMPLE	2ND. TENSE. PRESENTE SIMPLE

- **IF/ WHEN SOMEBODY HEATS** water to 100°C, **IT BOILS**.
  SI O CUÁNDO ALGUIEN CALIENTA AGUA A 100 °C, HIERVE
- **IF I DON'T CALL** my mom every day, **SHE GETS** mad
  SI NO LLAMO A MI MADRE TODOS LOS DÍAS, SE ENFANDA

PODEMOS CAMBIAR EL ORDEN SIN CAMBIAR EL SIGNIFICADO.

- MY MOM GETS mad IF I don't call her.
  MI MADRE SE ENFADA, SI NO LA LLAMO.

IF. CONDICIONAL TIPO I

ESTRUCTURA — LA CONDICIÓN Y EL RESULTADO SON PROBABLES.

IF _ PRESENTE SIMPLE	2ND. TENSE. WILL + INFINITIVO

- **IF MY SON STUDIES** / **HE WILL PASS** his exam.
  SI MI HIJO ESTUDIA, APROBARÁ EL EXAMEN.
- **WE WILL GO TO** the beach / **IF IT DOESN'T RAIN**.
  IREMOS A LA PLAYA, SI NO LLUEVE.
- **WILL YOU TAKE** the train / **IF YOU MISS** the bus?
  ¿COGERÁS EL TREN, SI PIERDES EL BUS?

IF. CONDICIONAL TIPO II

CONDICIÓN HIPOTÉTICA, Y UN RESULTADO PROBABLE.

ESTRUCTURA

IF _ PASADO SIMPLE	2ND. TENSE. WOULD + INFINITIVO

- **IF I WON** the lottery, **I WOULD TRAVEL** around the world.
  SI GANARA LA LOTERÍA, VIAJARÍA ALREDEDOR DEL MUNDO.
- **RACHEL WOULD LEARN** to play the guitar, **IF SHE HAD** more time.
  SI RACHEL TUVIERA MÁS TIEMPO, APRENDERÍA A TOCAR LA GUITARRA.
- **WOULD YOU BE** happy **IF YOU WERE** to get married?
  ¿SERÍAS FELIZ SI FUERAS A CASARTE?

MIGHT / COULD

- **IF I WON** the lottery, **I MIGHT TRAVEL** around the world.
  SI GANARA LA LOTERÍA, PUEDE QUE VIAJARA ALREDEDOR DEL MUNDO.
- **IF IT STOPPED** raining, **WE COULD GO** out.
  SI DEJARA DE LLOVER, PODRÍAMOS SALIR FUERA.

IF. CONDICIONAL TIPO III

LA CONDICIÓN Y EL RESULTADO SON PROBABLES.

ESTRUCTURA	IF _ PASADO PERFECTO	2ND. TENSE. WOULD + PRESENTE PERFECTO

- **IF I HAD KNOWN** then what I know now, **I WOULD HAVE DONE** things differently.
  SI HUBIERA SABIDO ENTONCES LO QUE SÉ AHORA, HABRÍA HECHO LAS COSAS DE MANERA DIFERENTE.

- **SUZANNE WOULDN'T HAVE HAD** the heart attack **IF SHE HAD GONE** on a diet.
  SUZANNE NO HUBIERA TENIDO EL INFARTO SI HUBIERA HECHO DIETA.

- **WOULD YOU HAVE LIKED** to go to university I**F YOU HAD BEEN** ABLE TO afford it?
  ¿TE HABRÍA GUSTADO IR A LA UNIVERSIDAD SI TE LO HUBIERAS PERMITIDO PAGAR?

IF. CONDICIONAL MIXTO I

CONDICIÓN IRREAL EN EL PASADO, Y SU POSIBLE RESULTADO ACTUAL.

ESTRUCTURA	IF _ PASADO PERFECTO	2ND. TENSE. WOULD _ COULD _ MIGHT

- **IF I HAD GONE** to the rehearsal, **I COULD BE** on the show.
  SI HUBIERA IDO AL ENSAYO,   PODRÍA ESTAR EN EL SHOW.

- **IF I HADN'T EATEN** so much, **I WOULDN'T HAVE** stomachache.
  SI NO HUBIERA COMIDO TANTO,   NO TENDRÍA DOLOR DE ESTÓMAGO.

  VS

  I WOULDN'T HAVE HAD stomachache.
  NO HABRÍA TENIDO DOLOR DE ESTÓMAGO.

IF. CONDICIONAL MIXTO II

CONDICIÓN IRREAL EN EL PRESENTE, Y SU POSIBLE RESULTADO IRREAL EN EL PASADO.

ESTRUCTURA	IF _ PASADO SIMPLE	2ND. TENSE. WOULD + PRESENTE PERFECTO

- **IF I WERE** the president of the company...
  SI FUEA EL PRESIDENTE DE LA COMPAÑÍA...

- **I WOULD HAVE BUILT** a new factory a long time ago.
  HABRIA CONSTRUIDO UNA NUEVA FÁBRICA HACE MUCHO TIEMPO.

  VS

- **I WOULD BUILD** a new factory as soon as possible.
  CONSTRUIRÍA UNA NUEVA FÁBRICA TAN PRONTO COMO SEA POSIBLE.

UNLESS_ IF NOT

ESTA CONJUNCIÓN SUSTITUYE A **IF_ NOT** EN LOS CONDICIONALES.

EXCEPT IF... EXCEPTO SI

- **IF GRACE WASN´T** really ill, I´m sure she would be here by now.
  SI NO ESTURBIERA MUY ENFERMO, ESTOY SEGURO DE QUE YA ESTARÍA AQUÍ.
  UNLESS GRACE WAS REALLY ILL, ...
  SALVO QUE ESTUVIESE MUY ENFERMA,

- Most wild animals don´t attack, **IF THEY ARE NOT PROVOKED.**
  LA MAYORÍA DE LOS ANIMALES SALVAJES NO ATACAN, SALVO QUE SE LES PROVOQUEN.
  ...UNLESS THEY ARE PROVOKED

COMPARATIVA_ TIPOLOGÍA CONDICIONALES

- If he GETS UP on time, **WE WON´T MISS** the plane.
  SI SE LEVANTE A TIEMPO, NO PERDEREMOS EL AVIÓN.

- If he GOT UP on time, **WE WOULDN'T MISS** the plane.
  SI SE LEVANTARA A TIEMPO, NO PERDERÍAMOS EL AVIÓN.

- If he HAD GOT UP on time, **WE WOULDN'T HAVE MISSED** the plane.
  SI SE HUBIERA LEVANTADO A TIEMPO, NO HABRÍAMOS PERDIDO EL AVIÓN.

- If he HAD GOT UP earlier, **WE WOULDN'T BE** late.
  SI SE HUBIERA LEVANTADO ANTES, NO LLEGARÍAMOS TARDE.

UNIT 38 — LAS PREPOSICIONES_TIME

EMPLEAREMOS DE FORMA HABITUAL LAS PREPOSICIONES DE TIEMPO, PARA **INDICAR EL PERÍODO DE TIEMPO EN EL QUE TRANSCURRE UNA ACCIÓN.**

AT

FOR THE TIME OF THE DAY_ HORAS Y PERÍODOS DIARIOS.

- **AT** half past seven/ **AT** 12:00.
- **AT** midnight/ MEDIANOCHE **AT** sunset/ PUESTA/ **AT** lunchtime/ ALMUERZO/ **AT** night DE NOCHE.

EXPRESIONES COMO...

- **AT** the weekend/ AT weekends.
- **AT** the moment/ AT present.
- **AT** the same time / AT Christmas.

ON

DAYS AND DATES_ DÍAS Y FECHAS.

- **ON** your birthday. ON my wedding anniversary.
- **ON** Monday/s/ ON Christmas day.

IN

PERÍODOS DE TIEMPO LARGOS.

- **IN** January, in June, etc.
- **IN** 1966, etc.
- **IN** the Middle Ages, IN summer, IN the future, IN the past, IN the 20th century
- **IN** the winter (or in winter)

EXPRESIONES COMO...

- **IN** a few minutes, IN five months.
- **IN** the ...MORNING / AFTERNOON / EVENING.
- PERO: **ON** Monday morning/s.
- **ON** Tuesday afternoon/s.
- **ON** Saturday evening/s.

NEXT / LAST

NO LAS UTILIZAMOS DELANTE DE ... **THIS / EVERY / NEXT / Y LAST**.
- We´ll see you **NEXT SATURDAY**
- A friend of mine got married **LAST WINTER**.

FROM_TO OR FROM_UNTIL vs SINCE vs FOR

«FROM»

SEÑALA EL MOMENTO TEMPORAL EN EL QUE ALGO COMIENZA.

- Tickets for the summer theater season can be purchased **FROM NEXT TUESDAY**
  LAS ENTRADAS PARA LA TEMPORADA VERANIEGA DE TEATRO SALEN A LA VENTA DESDE EL PRÓXIMO MARTES.

REFIERE UN LUGAR DE PROCEDENCIA U ORIGEN DE ALGUÍEN, O ALGO

- My parents will come **FROM CÁDIZ TO** spend the weekend with their grandchildren.
  MIS PADRES VENDRÁN DE CÁDIZ PARA PASAR EL FIN DE SEMANA CON SUS NIETOS.
- We only eat eggs that come **FROM AN ORGANIC FARM**.
  SOLO COMEMOS HUEVOS QUE PROCEDAN DE UNA GRANJA ECOLÓGICA.
- Don´t drink water **FROM THAT BOTTLE**.
  NO BEBAS AGUA DE ESA BOTELLA.

CUANDO HABLAMOS DE DISTANCIA EN RELACIÓN A CUALQUIER OTRO LUGAR.

- We are just over 15 minutes **FROM THE BUS STATION**.
  ESTAMOS A POCO MÁS DE 15 MINUTOS DE LA ESTACIÓN DE AUTOBUSES.

«FROM TO OR FROM UNTIL»

DESDE _____ HASTA
REFIERE UN CAMBIO DE ESTADO O SIUACIÓN DE ALGO O ALGUÍEN.

- The trip can take us **FROM** 10 **TO** 15 **MINUTES**,
  EL VIAJE PUEDE LLEVARNOS DE 10 A 15´

- I study **FROM MONDAY UNTIL SATURDAY**
  ESTUDIO DE LUNES A SABÁDO

COMPARATIVA

- I lived in Madrid **FROM 2004 TO 2008**
  VIVÍ EN MADRID DESDE EL 2004 AL 2008
- I lived in Madrid **UNTIL 2008**.
  VIVÍ EN MADRID HASTA EL 2008
- I lived in Madrid **FOR FOUR YEARS**.
  VIVÍ EN MADRID DURANTE CUATRO AÑOS

- **NOW I LIVE IN HUELVA**; I came to Madrid **IN 2008**
  AHORA VIVO EN HUELVA; VINE DE MADRID EN EL 2008
- I´ve lived in Huelva **SINCE 2008**.
  VIVO EN HUELVA DESDE EL 2008
- I´ve been living in Huelva **FOR FIFTEEN YEARS**.
  LLEVO VIVIENDO EN HUELVA QUINCE AÑOS.

VINCIS. CENTRO DE ESTUDIOS

¿CUÁNTO TIEMPO SE TARDA? HOW

PARA EXPRESAR CUÁNTO SE TRADA EN REALIZAR ALGO, UTILIZAMOS ESTA INTERROGATIVA-

- **HOW LONG DOES IT TAKE TO CROSS THE RIVER SWIMMING?**
  ¿CUANTO TIEMPO SE TARDA EN CRUZAR EL RIO A NADO?
- **HOW LONG DID IT TAKE ...?**
  CUANTO TIEMPO SE TARDÓ...
- **HOW LONG WILL IT TAKE ...?**
  CUANTO TIEMPO SE TARDARÁ...

COMPARATIVA

A CONTINUACIÓN, VAMOS A VER ALGUNAS EXPRESIONES QUE PUEDEN SUSCITARNOS DUDAS A LA HORA DE EMPLEARLAS.

AT THE END VS FINALLY

AT THE OF **SOMETHING** OR **SOMEWHERE**.
AL FINAL DE ALGO, O ALGÚN LUGA.

AT THE END
- **AT THE END OF THE MONTH, DAY, YEAR, FEBRUARY**, ...
- **AT THE END OF THE CONCERT, MATCH, THE GAME**.
  AL FINAL DEL CONCIERTO, PARTIDO, JUEGO.
- **AT THE END OF THE STREET**.
  AL FINAL DE LA CALLE.

FINALMENTE. ADVERBIO DE TIEMPO.

IN THE END
- **IN THE END, WE DIDN´T GO ANYWHERE**.
  FINALMENTE, NO FUIMOS A NINGUNA PARTE.
- **WE HAVE SOLD IT, IN THE END**.
  LO VENDIMOS FINALMENTE.

ON TIME VS IN TIME

A SU HORA_ PUNTUAL.

ON TIME
- The bus left Madrid **ON TIME.**
  EL AUTOBÚS SALIÓ DE MADRID A SU HORA.

A TIEMPO_ CON ANTELACIÓN SUFICIENTE.

IN TIME
- I got home **IN TIME** for lunch with my parents.
  LLEGUÉ A CASA A TIEMPO PARA ALMORZAR CON MIS PADRES

BEFORE VS AFTER VS DURING

EMPLEAREMOS ESTAS **CONJUNCIONES** PARA **CONECTAR UNA ACCIÓN CON UN DETERMINADO PERÍODO TEMPORAL**.

«BEFORE VS AFTER»

DETRÁS de **BEFORE** y **AFTER** podemos poner un **SUSTANTIVO**, **GERUNDIO (ING)**, o **UNA ORACIÓN COMPLETA** (SUJETO + VERBO).

BEFORE
- I always get dressed **BEFORE BREAKFAST**.
  SIEMPRE ME VISTO ANTES DEL DESAYUNO.
- Don´t worry, I phoned **BEFORE COMING.**
  NO TE PREOCUPES, TELEFONEÉ ANTES DE VENIR.
  OR I phoned **BEFORE I CAME.**

AFTER
- We were very tired **AFTER THE LESSON**
  ESTÁBAMOS MUY CANSADOS DESPUÉS DE LA LECCIÓN.
- What did you do **AFTER VISITING THE ZOO?**
  ¿QUÉ HICISTES DESPUÉS DE VISITAR EL ZOO?
- **AFTER MY SISTER WATCHED** televison, she went to bed.
  DESPUÉS DE QUE MI HERMANA VIERA LA TV, SE FUE A LA CAMA.

«DURING VS FOR»

PRECEDE A UN **SUSTANTIVO**.
DURANTE ESPECTÁCULOS, EVENTOS, ETC.

DURING
- All of us fell asleep **DURING THE CONCERT.**
  TODOS NOSOTROS NOS QUEDAMOS DORMIDOS DURANTE EL CONCIERTO.
- it was very embarrassing, they didn´t speak **DURING THE DINNER.**
  FUE MUY EMBARASOSO, NO HABLARON DURANTE LA CENA.

FOR
CON EXPRESIONES QUE NOS INDICAN PERIODOS DE TIEMPO.
- We played tennis **FOR TWO HOURS.**
  JUGAMOS AL TENNIS DURANTE DOS HORAS.

PARA HABLAR DEL FUTURO.
ESTAS EXPRESIONES SON SEGUIDAS COMO NORMA GENERAL DEL **PRESENTE SIMPLE**.

BEFORE
AFTER
AS SOON AS
ONCE
WHEN

- I am going to do it **BEFORE I STUDY**.
  VOY A HACERLO ANTES DE ESTUDIAR.
- I am going to study **AFTER DOING IT**.
  VOY A ESTUDIAR DESPUÉS DE HACERLO.
- I´ll phone her **AS SOON AS I DO IT**.
  LA LLAMARÉ TAN PRONTO COMO LO HAGA.
- I´ll phone her **ONCE I DO IT**.
  LA LLAMARÉ UNA VEZ LO HAGA.
- I´ll be in Malaga, **WHEN SHE IS HERE**.
  ESTARÉ EN MÁLAGA CUANDO ELLA ESTÉ AQUÍ.

WHEN. EN LA OTRA ORACIÓN EMPLEAREMOS NORMALMENTE EL FUTURO SIMPLE O BE GOING TO.

UNIT 39A — LAS PREPOSICIONES_UBICACIÓN

«AT vs ON vs IN»

ESTAS PREPOSICIONES NOS PERMITEN UBICAR A ALGUIÉN O ALGO.

«IN»

EN ESPACIOS CERRADOS E INTERIOR DE OBJETOS.
- **IN THE** **ROOM** HABITACIÓN/ **BUILDING** EDIFICIO.
- **IN THE** **BOX** CAJA / **FRIDGE** FRIGORIFICO.

LUGARES CON LÍMITES DEFINIDOS
IN THE **PARK** PARQUE/ **FOOTBALL PITCH** CAMPO DE FUTBOL/ **POOL** PISCINA/ **SEA** MAR/ **RIVER** RÍO.

CIUDADES Y PAÍSES
- **IN** **LONDON**/ **MÁLAGA**.

«USAMOS IN»

- IN A **ROW** FILA/ **QUEUE** COLA/ **LINE** LINEA.
- IN A **BOOK** LIBRO/ **PHOTO**/ **PICTURE** FOTOGRAFIA.
- IN THE **SKY** CIELO/ **WORLD** MUNDO.
- IN A **NEWSPAPER** PERÍODICO/ **MAGAZINE** REVISTA.

- IN THE **FRONT**/ **BACK** OF A CAR.
- IN **BED** CAMA/ **HOSPITAL** HOSPITAL/ **PRISON** PRISIÓN.

ESQUINA DENTRO DE UNA HABITACIÓN.
- The auxiliary table is **IN THE CORNER** of the the living room.
  LA MESITA ESTÁ EN LA ESQUINA DEL SALÓN.

ESQUINA EXTERIOR COMO LA DE UN EDIFICIO
- I parked the car **AT THE CORNER** at the street.
  APARQUÉ EL COCHE EN LA ESQUINA (A LA ALTURA) DE LA CALLE.

PARA REFERIRNOS AL EDIFICIO EN SÍ, COMO TAL.

- The heating doesn't work well **IN THE HOTEL.**
  LA CALEFACCIÓN NO FUNCIOAN BIEN EN EL HOTEL.
- There are a lot of people **IN THE BAKERY.**
  HAY MUCHA GENTE EN LA PANADERÍA.
- We will meet **IN THE HOTEL LOBBY.**
  NOS ENCONTRAREMOS EN EL VESTÍBULO DEL HOTEL.

«AT»

LUGARES COMUNES
- **AT HOME** CASA/ **UNIVERSITY** UNIVERSIDAD / **ROUNDABOUT** ROTONDA.

LUGARES ESPECÍFICOS
- **AT NATURAL HISTORY MUSEUM/ THE OXFORD UNIVERSITY**.

DIRECCIONES
- **AT 2142 CRISTOBAL COLOMBO SQUARE**.

SITIOS CONCRETOS
- **AT** THE **DOOR** PUERTA/ THE **WINDOW** VENTANA.

CITAS_ACONTECIMIENTOS
- **AT** THE **PARTY** FIESTA/ THE **MEETING** REUNIÓN/ **CONCERT** CONCIERTO/ **CONFERENCE** CONFERENCIA/ **WEDDING** BODA.

POSICIONES
- **AT THE FRONT/ BACK of THEATRE** TEATRO/ **CINEMA** CINE/ **BUILDING** EDIFICIO/ **HOUSE** CASA/ **GROUP OF PEOPLE** GRUPO DE GENTE.

- **AT THE TOP** PARTE SUPERIOR **OF THE PAPER**.
- **AT THE BOTTOM** PARTE INFERIOR.

PARA REFERIRNOS AL LUGAR.

- We had a good time **AT THE HOTEL**.
  PASAMOS UN BUEN RATO EN EL HOTEL.
- Go along this road, then turn right **AT THE BUTCHER SHOP**.
  SIGA ESTA CALLE, GIRE A LA DERECHA A LA ALTURA DE LA CARNICERÍA.
- I'll meet you **AT THE ENTRANCE TO THE HOTEL**.
  TE VERÉ EN LA ENTRADA DEL HOTEL.

«ON»

SOBRE SUPERFICIES
ON THE **TABLE** MESA/ **GRASS** HIERBA/ **BEACH** PLAYA/ **ISLAND** ISLA.

DIRECCIONES
ON THE **RIGHT** DERECHA/ **LEFT** IZQUIERDA.

PARTES DEL CUERPO
ON THE **ARM** BRAZO/ **HEAD** CABEZA/ **NOSE** NARIZ.
There's a dirty mark ON your nose.
What does Mary have IN her hand / IN her mouth?

MEDIOS DE TRANSPORTE
ON THE **BUS**/ **PLANE** AVIÓN/ **TRAIN** TRÉN/ **SHIP** BARCO.
ON A **MOTORBIKE** MOTOCICLETA/ **HORSE** CABALLO/ **BICYCLE** BICICELTA.
IN: THE CAR, TAXI.

EN **REFERENCIA** A UNA PÁGINA ESPECÍFICA: **ON** THE PAGE 112.

- ON a **MAP** MAPA/ **MENU**/**WEBSITE**/ **LIST**/ **PAGE**.
  You'll find it **ON PAGE FIVE** of the newspaper.
- On the **GROUND** SUELO/ **FIRST – SECOND FLOOR** PISO.

- ON THE **FRONT** ANVERSO of a **PAPER** PAPEL/ **ENVELOPE** SOBRE.
- ON THE **BACK** REVERSO.

- I wrote the phone number **ON THE BACK OF THE ENVELOPE**
  ESCRIBÍ EL NÚMERO DE TELÉFONO **EN LA PARTE DE ATRÁS DEL SOBRE**.

DECIMOS QUE UN LUGAR ESTÁ ...
- **ON** A RIVER / **ON** A ROAD / **ON** THE COAST.
- Paris is **ON THE BANKS OF THE (RIVER) SEINE.**

IN VS ON THE BOTTLE
- There is some wine **IN** THE BOTTLE.
  HAY **VINO EN LA BOTELLA**.
- There is a label **ON** THE BOTTLE.
  HAY UNA **ETIQUETA EN LA BOTELLA**.

AT VS ON THE DOOR
- There is someone **AT THE DOOR**; shall I go and see who it is?
  HAY ALGUIÉN **EN LA PUERTA**. ¿VOY Y MIRO QUIÉN ES?
- There is a notice **ON THE DOOR**.
  HAY UN AVISO **EN (SOBRE) LA PUERTA**.

UNIT 39B — LAS PREPOSICIONES_LUGAR

PREPOSICIONES DE LUGAR

NOS PERMITEN DETERMINAR EL ORIGEN, DESTINO U UBICACIÓN DE UNA PERSONA U OBJETO.

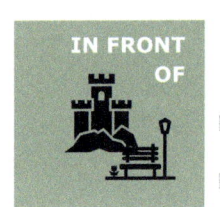

IN FRONT OF

DOS COSAS, PERSONAS, EDIFICIOS, ETC; ESTÁN EL UNO DELANTE DEL OTRO.

- The bench in the park is **IN FRONT OF THE CASTLE**.
  EL BANCO DEL PARQUE ESTÁ DELANTE DEL CASTILLO.
- She left me **IN FRONT OF HIS DOOR LIKE A KITTEN**.
  ME DEJÓ DELANTE DE LA PUERTA COMO UN GATITO.

> **OPOSICIONES.** ESTA UNIDAD SUELE SER PREGUNTA DE EXÁMEN.

DOS COSAS, PERSONAS, EDIFICIOS, ETC; ESTÁN EL UNO FRENTE AL OTRO.

OPPOSITE

- The sidewalk **OPPOSITE YOUR HOUSE** is public property.
  LA ACERA FRENTE A TU CASE ES DE PROPIEDAD PÚBLICA.
- The bank is right **OPPOSITE THE TOWN HALL**.
  EL BANCO ESTA JUSTO FRENTE AL AYUNTAMIENTO.

BEHIND

- The bakery is **BEHIND THE BARBER SHOP**.
  LA PANADERÍA ESTÁ DETRÁS DE LA BARBERÍA.
- What are the causes **BEHIND THIS BEHAVIOR**?
  ¿CUÁLES SON LAS CAUSAS DETRÁS DE ESTE COMPORTAMIENTO?

UNDER

- The Guadalquivir river flows **UNDER THE BRIDGE**.
  EL RÍO GUADALQUIVIR FLUYE BAJO EL PUENTE.
- The mouth is **UNDER THE NOSE**.
  LA BOCA ESTÁ BAJO LA NARIZ.

ABOVE

CUANDO ALGO ESTÁ ENCIMA DE UNA SUPERFICIE SIN QUE HAYA CONTACTO CON ELLA.

- The sun is **ABOVE THE HORIZON**.
  EL SOL ESTÁ POR ENCIMA DEL HORIZONTE.
- The castle stands **ABOVE THE ARACENA TOWN**.
  EL CASTILLO SE ALZA SOBRE EL PUEBLO DE ARACENA.

BELOW

ALGO ESTÁ EN UNA POSICIÓN, O NIVEL INFERIOR SIN QUE HAYA CONTACTO CON ELLA.

- The dolphins are **BELOW THE SURFACE**.
  LOS DELFINES ESTÁ BAJO LA SUPERFICIE.
- Just **BELOW THE NAME** is the digital signature.
  JUSTO BAJO EL NOMBRE, SE ENCUENTRA LA FIRMA DIGITAL.

VINCIS. CENTRO DE ESTUDIOS

PARA REFERIRNOS A AQUELLO QUE ESTÁ AL LADO, O MUY CERCA DE OTRA COSA O PERSONA.

NEXT TO / BESIDE / BY

- She is standing **NEXT TO/ BY/ BESIDE THE TREE**.
  ELLA ESTA DE PIE JUNTO AL ÁRBOL.
- I would like to have you **BY/BESIDE MY SIDE**.
  QUISIERA TENERTE A MI LADO.
- The ship is sailing **BESIDE LIBERTY STATUE**.
  EL BARCO ESTA NAVEGANDO JUNTO A LA ESTATUA DE LA LIBERTAD.
- Sit **NEXT TO ME**, we'll take a selfie
  SENTAROS JUNTO A MÍ, NOS HAREMOS UN SELFIE.

ENTRE DOS COSAS o SERES VIVOS.

BETWEEN

- The campfire is **BETWEEN THESE TWO TREES**.
  LA FOGATA ESTÁ ENTRE ESTOS DOS ÁRBOLES.
- The train doesn't stop **BETWEEN MADRID AND HUELVA STATIONS**.
  El TREN NO PARA ENTRE LAS ESTACIONES DE MADRID Y HUELVA

GRAMMAR. LO RELEVANTE ES EL NÚMERO DE SERES VIVOS O COSAS

ENTRE VARIAS COSAS o SERES VIVOS.

AMONG

- If you live **AMONG WOLVES YOU HAVE TO ACT LIKE ONE OF THEM**.
  SI VIVES ENTRE LOBOS TIENES QUE ACTUAR COMO UNO DE ELLOS.
- The outhouse is **AMONG THE PINES**.
  LA LETRINA ESTÁ ENTRE LOS PINOS.

ALREDEDOR

AROUND

- These cats are **AROUND THE RUBBISH BIN**.
  ESTOS GATOS ESTÁN ALREDEDOR DEL CUBO DE LA BASURA.
- We are sitting **AROUND THE CAMP FIRE**.
  ESTAMOS SENTADOS ALREDEDOR DE LA HOGUERA.

UNIT 39C — LAS PREPOSICIONES_DIRECCIÓN

ESTE TIPO DE PREPOSICIONES **HACEN REFERENCIA AL TRASLADO DE ALGO O ALGUIÉN.**

ACROSS — CRUZAR, AL OTRO LADO

- The boat will take us **ACROSS THE RIVER**.
  EL BARCO NOS CRUZARÁ AL OTRO LADO DEL RÍO.
- They are waiting for us **ACROSS THE STREET**.
  NOS ESTÁN ESPERANDO AL OTRO LADO DE LA CALLE.

- You must **CROSS THE STREET BY THE PEDESTRIAN CROSSING**
  DEBES CRUZAR LA CALLE POR EL PASO DE PEATONES.

GRAMMAR. EN ESTE ÚLTIMO EJEMPLO -TO CROSS- ES UN VERBO.

AROUND — POR

- Let's go for a walk **AROUND THE PARK**.
  VAMOS A PASEAR POR EL PARQUE.
- We must drive **AROUND THE CITY CENTER**.
  DEBEMOS CONDUCIR POR EL CENTRO CIUDAD.

OVER — POR ENCIMA

- TO walk **OVER A BRIDGE**
  CRUZAR UN PUENTE
- TO climb **OVER A FENCE**
  SALTAR POR ENCIMA DE LA VALLA.

EN EL SENTIDO DE **MÁS**.
- My sister is **OVER 18 YEARS** of age
  MI HERMANA TIENE MAS DE 18 AÑOS.

ALONG — A LO LARGO

- I am walking **ALONG THE PATH**.
  ESTOY CAMINANDO A LO LARGO DEL CAMINO.
- The bike line runs **ALONG THE SEAFRONT**
  EL CARRIL BICI DISCURRE JUNTO AL PASEO MARÍTIMO.

GO PAST — POR DELANTE

- Go **PAST MAIN STREET** and turn left at the next street.
  PASA POR DELANTE DE LA CALLE MAYOR Y GIRA A LA IZQUIERDA EN LA SIGUIENTE CALLE.
- I live close to her, just **PAST THE CITY BUST STATION**.
  VIVO CERCA DE ELLA, JUSTO PASADO LA ESTACIÓN DE AUTOBUSES URBANOS.

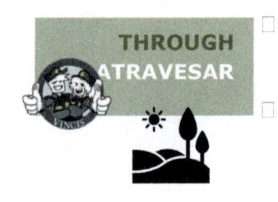

THROUGH — ATRAVESAR

- We have to turn on the lights when passing **THROUGH THE TUNNEL**.
  TENEMOS QUE ENCENDER LAS LUCES CUANDO PASEMOS A TRAVÉS DEL TÚNEL
- She walks **THROUGH THE PARK** on her way home.
  ELLA ATRAVIESA EL PARQUE DE CAMINO A CASA.

UNIT 39D — LAS PREPOSICIONES_ LIKE VS AS

POR ÚLTIMO, VAMOS A VER CUÁNDO DEBEMOS UTILIZAR ESTAS DOS PREPOSICIONES.

LIKE

USOS DE LIKE.

LOOK + ADJETIVO
- What's the matter with you? You don't **LOOK** very **HAPPY** today.
  ¿QUÉ PASA CONTIGO? NO PARECES MUY FELIZ HOY.
- She **LOOKED EXHAUSTED** when she arrived home from work.
  PARECÍA EXHAUSTA CUANDO LLEGÓ A CASA DEL TRABAJO.

LOOK LIKE + SUSTANTIVO
- When you wear those glasses, you **LOOK LIKE A TEACHER**.
  CUANDO LLEVAS ESAS GAFAS PARECES UN PROFESOR.
- My brother **LOOKS LIKE A BRITISH PERSON** because he has blond hair and fair skin.
  MI HERMANO PARECE BRITÁNICO PORQUE TIENE PELO RUBIO Y PIEL CLARA.

CON SIGNIFICADO

THE SAME AS / SIMILAR TO
- What a beautiful house! It´s **LIKE A PALACE**.
  QUÉ CASA MÁS BONITA, ES COMO UN PALACIO.
- Oh! It´s raining again, I hate weather **LIKE THIS**.
  OH¡, ¡ESTÁ LLOVIENDO DE NUEVO, ODIO ESTE TIEMPO!

EN ESTOS EJEMPLOS LIKE HACE LAS VECES DE UNA PREPOSICIÓN PRECEDIENDO A UN NOMBRE, PRONOMBRE O GERUNDIO.

- What´s that noise? It **SOUNDS LIKE A BABY CRYING**.
  ¿QUÉ ES ESE RUIDO? PARECE UN BEBÉ LLORANDO.

SOMETIMES LIKE = FOR EXAMPLE

- I love water sports, **LIKE SURFING**, scuba diving or water skiing.
  ME ENCANTAN LOS DEPORTES ACUÁTICOS, COMO EL SURF, BUCEO O SKI ACUÁTICO.

AS

AS = DE LA MISMA FORMA O CONDICIÓN

USAMOS "AS" COMO CONJUNCIÓN ANTES DE **SUJETO+VERBO**.

AS + SUJETO + VERBO

- I left everything **AS IT WAS.**
  LO DEJÉ TODO **COMO ESTABA**.
- You should have done it **AS I TAUGHT YOU**.
  DEBERÍAS HABERLO HECHO TAL Y **COMO TE ENSEÑE**-.

TAMBÍEN ES FACTIBLE EL USO DE "LIKE"

- You should have done it **LIKE I TAUGHT YOU.**
  DEBERÍAS HABERLO HECHO TAL Y COMO TE ENSEÑE-.

AS USUAL / AS ALWAYS

EXPRESIONES COMO ...

- Helen is late **AS USUAL**.
  HELEN LLEGA TARDE **COMO DE COSTUMBRE**.

EN OCASIONES TIENE OTROS SIGNIFICADOS

- She can do it **AS SHE PROMISES**.
  ELLA PUEDE HACERLO **TAL Y COMO PROMETIÓ**.

WE ALSO SAY. AS YOU KNOW, AS I SHE SAID, AS YOU EXPECTED, AS HE THOUGHT...

- **AS SHE SAID YESTERDAY**, she´s sure she will be able to solve the problem.
  TAL Y COMO DIJO AYER, SERÁ CAPAZ DE SOLVENTAR EL PROBLEMA.

EN ESTE TIPO DE EXPRESIONES EL USO DE LIKE NO ES MUY USUAL, **SALVO CON EL VERBO "TO SAY"**

- **LIKE SHE SAID YESTERDAY**, she´s sure she will be able to solve the problem.

AS A

MEANS_ QUE ES MI TRABAJO.

- **AS A TAXI DRIVER**, I spent most of my life driving a car.
  COMO TAXISTA, PASO LA MAYORÍA DE MI VIDA CONDUCIENDO UN COCHE.

LIKE A

MEAN_ ME SIENTO COMO TAL.

- Everybody ones me to drive them back home, sometimes I feel **LIKE A TAXI DRIVER.**
  TODO EL MUNDO QUIERE QUE LES LLEVE A CASA, EN OCASIONES ME SIENTO **COMO UN TAXISTA**

UNIT 40 — LAS CONJUNCIONES

LAS CONJUNCIONES **SE EMPLEAN PARA ENLAZAR ENTRE SÍ, PALABRAS Y/O ORACIONES.**

LAS CONJUNCIONES. SUELE SER PREGUNTA DE EXÁMEN

«AND»

SIRVE DE NEXO DE UNIÓN DE UNA ORACIÓN, **QUE APORTA INFORMACIÓN ADICIONAL A LA PRIMERA.**

- **SHE** works in a bank **AND** even so **GOES TO UNIVERSITY.**
  TRABAJA EN UN BANCO **Y AÚN ASÍ VA A LA UNIVERSIDAD**

GRAMMAR. EN LA 2ND FRASE AL TENER EL MISMO SUJETO, LO OBVIAMOS.

- I got home, had a glass of wine, **AND PHONED MY GRANDMOTHER.**
  LLEGUÉ A CASA, TOMÉ UN VASO DE VINO **Y LLAME A MI ABUELA.**

SOLAMENTE UNIMOS CON **(AND)** LAS DOS ÚLTIMAS ORACIONES.

«BUT and HOWEVER»

CONTRASTAN IDEAS U ORACIONES.

BUT — PERO
HOWEVER — SIN EMBARGO

- I like to swim in a river, **BUT ONLY IF THE WATER IS WARM.**
  ME GUSTA NADAR EN UN RÍO, **PERO SÓLO SI EL AGUA ESTÁ CALIENTE.**
- I'd like to go to the beach with you, **BUT I CAN´T.**
  ME GUSTARÍA IR A LA PLAYA CON VOSOTROS, **PERO NO PUEDO.**
- She is a very talkative person. **HOWEVER, SHE HAS BEEN REALLY QUIET TODAY.**
  ES UNA PERSONA MUY CONVERSADORA, **SIN EMBARGO, HA ESTADO MUY CALLADA HOY.**

INSTEAD — EN SU LUGAR

EXPRESA QUE **UNA ACCIÓN SE REALIZA EN LUGAR DE OTRA.**

- I went to buy some bread. **INSTEAD, I BOUGHT ARACENA HONEY.**
  FUI A COMPRAR PAN. **EN SU LUGAR, COMPRÉ MIEL DE ARACENA.**

- My son wanted to watch TV **BUT HE READ A BOOK, INSTEAD.**
  MI HIJO QUERÍA VER LA TELEVISIÓN, **PERO LEYÓ UN LIBRO, EN SU LUGAR.**

«OR»

PROPORCIONA **ALTERNATIVAS U OPCIONES.**

OR — O

- We can do it **NOW OR LATER.**
  PODEMOS HACERLO **AHORA O MÁS TARDE.**
- What kind of tourism do you like, **BEACH OR MOUNTAIN.**
  ¿QUÉ CLASE DE TURISMO TE GUSTA? **PLAYA O MONTAÑA.**

«SO and SO THAT»

«SO» INTRODUCE **UN RESULTADO**.

SO / ASÍ QUE
- He was thirsty **SO HE DRANK ALL OF THE WATER**.
  ESTABA SEDIENTO, ASÍ QUE SE BEBIÓ TODO EL AGUA.
- it's always hot in the academy, **SO WE HAVE TO PUT ON THE AIR CONDITIONING**.
  SIEMPRE HACE CALOR EN LA ACADEMIA ASÍ QUE TENEMOS QUE ENCENDER EL AIRE ACONDICIONADO.

«SO THAT or IN ORDER THAT» INTRODUCE **UN PROPÓSITO**.

SO THAT / PARA QUE
- She is studying English **SO THAT SHE CAN MOVE TO SCOTLAND**.
  ESTÁ ESTUDIANDO INGLÉS PARA QUE PUEDA MUDARSE A ESCOCIA.

«IN ORDER TO»

EXPRESA **EL PROPÓSITO** DE ALGO.

IN ORDER TO / PARA
- We all need an adrenaline rush **IN ORDER TO DO OUR BEST WORK**.
  TODOS NECESITAMOS UN SUBIDÓN DE ADRENALINA PARA HACER NUESTRO MEJOR TRABAJO.
- I am going to buy some paint **IN ORDER TO PAINT MY MAIN DOOR**.
  VOY A COMPRAR PINTURA PARA PINTAR MI PUERTA PRINCIPAL.

- I wore boots **IN ORDER NOT TO** get my feet wet.
  USO BOTAS PARA NO MANTENER LOS PIES HÚMEDOS.

GRAMMAR. LA NEGATIVA SE CONSTRUYE CON LA PARTÍCULA NOT.

«ALTHOUGH»

SIRVEN PARA EXPRESAR UNA **OBJECIÓN A LA IDEA PRINCIPAL DE LA FRASE**

ALTHOUGH / THOUGH / AUNQUE / A PESAR DE
- We went to the beach **ALTHOUGH IT WAS RAINING**.
  FUIMOS A LA PLAYA, A PESAR DE QUE ESTABA LLOVIENDO.
- We were all able to enjoy the game, **ALTHOUGH IT WAS LOST**.
  TODOS PUDIMOS DISFRUTAR DEL PARTIDO, AUNQUE SE PERDIERA.

«IN SPITE OF or DESPITE»

DESPITE. ES UN POCO MÁS FORMAL

EXPRESAN **CONTRASTE** ENTRE DOS COSAS.

IN SPITE OF / DESPITE / A PESAR DE
- He got the job **IN SPITE OF HIS POLICE RECORD**.
  CONSIGUIÓ EL TRABAJO A PESAR DE SU HISTORIAL POLICIAL.
- **IN SPITE OF WHAT I SAID YESTERDAY**, I still love you
  A PESAR DE LO QUE TE DIJE AYER, TODAVÍA TE QUIERO.

- They arrived late **DESPITE LEAVING IN PLENTY OF TIME**.
  LLEGARON TARDE A PESAR DE HABER SALIDO CON TIEMPO SUFICIENTE

«BECAUSE and BECAUSE OF»

SON USADOS PARA **APORTAR UNA RAZÓN** A UN HECHO O RESULTADO.

BECAUSE
PORQUE

- Something must be wrong with my phone coverage **BECAUSE I CAN´T HEAR YOU.**
  ALGO DEBE ESTAR MAL CON LA COBERTURA DE MI MÓVIL PORQUE NO PUEDO OIRTE.
- We put on the air conditioning **BECAUSE THE STUDENTS REQUESTED IT.**
  ENCENDIMOS EL AIRE ACONDICIONADO PORQUE LOS ALUMNOS LO PIDIERON.
- **BECAUSE THE WATER WAS FROZEN**, we didn't go swimming.
  COMO EL AGUA ESTABA CONGELADA, NO FUIMOS A NADAR

BECAUSE. PRECEDE A UN SUJETO + VERBO

- They cancelled the concert **BECAUSE IT WAS RAINING.**
  CANCELARON EL CONCIERTO PORQUE ESTABA LLOVIENDO.

BECAUSE OF
BEBIDO A

BECAUSE OF. PRECEDE A UN SUSTANTIVO

- They cancelled the concert **BECAUSE OF THE RAIN.**
  CANCELARON EL CONCIERTO DEBIDO A LA LLUVIA.
- **BECAUSE OF FEELING SICK**, she didn't go to work this morning.
  DEBIDO A SENTIRSE ENFERMA, NO FUE A TRABAJAR ESTA MAÑANA.

BECAUSE. AL PRINCIPIO DE LA FRASE SE TRADUCIRÍA, CÓMO ...

«DUE TO»

DUE TO
DEBIDO A

- I was late because **DUE TO MY ALARM CLOCK DIDN'T GO OFF**
  LLEGUÉ TARDE DEBIDO A QUE NO ME SONÓ LA ALARMA DEL RELOJ.
- **DUE TO THE CROWDS OF BELIEVERS**, we must take extreme security.
  DEBIDO A LA MULTITUD DE CREYENTES, DEBEMOS EXTREMAR LA SEGURIDAD.

«THE CAUSE OF»

THE CAUSE OF
LA CAUSA DE

- This is the **CAUSE OF THE FORMING OF CLOUDS**
  ESTA ES LA CAUSA DE LA FORMACIÓN DE NUBES
  .... **WHEN THE RISING AIR COOLS AND THE WATER VAPOR IT CONTAINS CONDENSES.**
  CUANO EL AIRE ASCENDENTE SE ENFRÍAY EL VAPOR DE AGUA QUE CONTINE SE CONDENSA.

«IN CASE or IN CASE OF»

IN CASE
POR SI
IN CASE OF
EN CASO DE

- I'll stay home **IN CASE THE DELIVERY MAN COMES**
  ME QUEDARÉ EN CASE POR SI VIENE EL REPARTIDOR.
- In **CASE OF FIRE**, phone 112 ....
  EN CASO DE INCENCIDO LLAMAR AL 112.

UNIT 41 — «GO IN» VS «GO FOR» VS «GO ON»

USAREMOS EL VERBO **«TO GO»** PARA REFERIRNOS AL MOVIMIENTO, **AL DESPLAZAMIENTO QUE REALIZAMOS A OTRO LUGAR**.

GO TO + SOMEWHERE

LA PREPOSICIÓN **«TO»** DENOTA MOVIMIENTO, ES DECIR EL **TRASLADO DE UN PUNTO A OTRO.**

«GO TO»

- We are **GOING TO MADRID** this week.
  VOY A MADRID ESTA SEMANA.
- She **GOES TO HER OFFICE** by motorbike.
  ELLA VA A SU OFICINA EN MOTOCICLETA.
- My parents **WENT BACK HOME** to pick up the pet.
  MIS PADRES REGRESARON A CASA PARA RECOGER LA MASCOTA..

DEBEMOS RECORDAR QUE **NO DEBEMOS** USAR **«TO»** CON:
HOME, THERE, HERE, SOMEWHERE, UPTOWN, AND DOWNTOWN:

- She **GOES ~~TO~~ HOME** by bicycle every day.
  ELLA VA A CASA EN BICICLETA TODOS LOS DÍAS.

«GO SOMEWHER + INFINITIVO»

LO ACOMPAÑAREMOS CON EL INFINITIVO DE UN VERBO, CUANDO QUEREMOS EXPRESAR **EL MOTIVO DEL DESPLAZAMIENTO**

- She **WENT TO** her office **TO PICK UP HER MOBILE PHONE.**
  ELLA FUE A LA OFICINA A RECOGER SU TELÉFONO MÓVIL.

«GO IN»

CUANDO QUEREMOS SIGNIFICAR ENTRAR

- Let´s **GO IN THIS BOOKSHOP**, I need to buy a dictionary.
  ENTREMOS EN ESTA LIBRERÍA, NECESITO COMPRAR UN DICCIONARIO.

«GO FOR»

CUANDO QUEREMOS IGUALMENTE MOSTRAR **EL MOTIVO DEL DESPLAZAMIENTO.**

- Let´s **GO FOR A PIZZA** tonight.
  VAYAMOS POR UNA PIZZA ESTA NOCHE.

TO GO FOR		
	A WALK.	DAR UN PASEO.
	A SWIM.	NADAR.
	A DRINK.	BEBER.
	RUN.	CORRER.

«GO ON»

CUANDO INICIAMOS O EMPRENDEMOS ALGO.

- Let´s **GO ON** an audition.
  VAYAMOS A LA AUDICIÓN.

TO GO ON		
	HOLIDAY.	VACACIONES.
	TOUR.	TOUR.
	A **TRIP**.	UN VIAJE.
	STRIKE.	UNA HUELGA.
	A **CRUISE**.	CRUCERO.
	AN **EXCURSION**.	UNA EXCURSIÓN
	AN **AUDITION**.	UNA AUDICIÓN.

«GO + ING»

LO USAMOS PARA HABLAR EN GENERAL, DE **ACTIVIDADES QUE IMPLICAN MOVIMIENTO**, COMO OCURRE CON LAS **ACTIVIDADES DEPORTIVAS**.

- We **HAVE GONE HUNTING**.
  HEMOS IDO DE CAZA.

JOGGING.	FOOTING.
SKIING.	ESQUIAR.
SWIMMING.	NADAR.
FISHING.	PESCAR
HUNTING.	CAZAR.
BOWLING.	BOLOS
BICYCLING.	CICLISMO.

41.2. «TO ARRIVE»

UTILIZAMOS **«ARRIVE»** AL EXPRESAR QUE HEMOS LLEGADO A UN LUGAR, ESPECIALMENTE AL LLEGAR A NUESTRO DESTINO TRAS UN VIAJE.

«ARRIVE IN»
CUANDO HABLAMOS DE LLEGAR A **UNA CIUDAD O PAÍS**.

ARRIVE IN
- They **ARRIVED IN LONDON** yesterday.
  LLEGARON A LONDRES AYER.
- I don't know when we will **ARRIVE IN SPAIN**.
  NO SE CUANDO LLEGAREMOS A ESPAÑA.

«ARRIVE AT»
LLEGADA A LUGARES PEQUEÑOS – **AEROPUERTOS, HOTELES, PUEBLOS, ESTACIONES, ETC.**

ARRIVE AT
- She'll **ARRIVE AT THE STATION** at 5 o'clock.
  LLEGARÁ A LA ESTACIÓN A LAS 5 EN PUNTO.
- We **ARRIVED AT SEVILLE AIRPORT** in the morning.
  LLEGAMOS AL AEROPUERTO DE SEVILLA POR LA MAÑANA.

«ARRIVE ON»
PARA EXPONER LA **FECHA** DE LA LLEGADA

ARRIVE ON
- She'll arrive **ON** Saturday evening.
  LLEGARÁ EL SABADO NOCHE.
- We arrived **ON** the 25th at Barajas airport in the morning.
  LLEGAMOS AL AEROPUERTO DE BARAJAS EL 25 POR LA MAÑANA.

GRAMMAR. RECORDAREMOS QUE ARRIVE TO NO EXISTE.

UNIT 42 — EL VERBO «TO GET»

ES UN VERBO MUY VERSATIL, CON UN AMPLIO ABANICO DE **SIGNIFICADOS**.
ADEMÁS, FORMA PARTE DE UN GRAN NÚMERO DE **PHRASAL VERBS**, QUE LOS VAN A INCREMENTAR CUANTITATIVAMENTE.

GET + SOMETHING

OBTENER – RECEBIR – COMPRAR – TRAER – LLAMAR

- Surprisingly, I **GOT A PHONE CALL** from prision last month.
  SORPRENDENTEMENTE, RECIBÍ UNA LLAMADA TELEFÓNICA DESDE PRISIÓN EL MES PASADO.
- She **GOT HER DRIVING LICENSE** a week ago.
  OBTUVO SU LICENSIA DE CONDUCCIÓN HACE UNA SEMANA.
- I **GOT PERMISSION** to live by the river.
  OBTUVE EL PERMISO PARA VIVIR A ORILLAS DEL RIO / JUTO AL RÍO.
- Hello, can I speak to Alejandro? of course, I´ll **GET HIM**.
  HOLA ¿PUEDO HABLAR CON ALEJANDRO? POR SUPUESTO, LO LLAMO.

IT IS SAID_ SE DICE....

TO GET A BUS, A TAXI, A TRAIN, ...
COGER EL AUTOBÚS, UN TAXI, UN TREN, ETC.

GET + SOMEWHERE

LLEGAR A UN LUGAR EN PARTICULAR.

- They **GOT TO ALGECIRAS** around 8 A.M.
  LLEGARON A ALGECIRAS SOBRE LAS 8 A.M.
- How are we **GETTING TO CÁDIZ** next week?
  COMO LLEGAMOS A CÁDIZ EL PRÓXIMO FN DE SEMANA?.
  GET HERE, **GET THERE**, ...
- What time will she **GET HOME**?
  ¿A QUÉ HORA LLEGARÁ A CASA?.

GET IN (INTO) – GET OUT vs GET ON – GET OFF.

EN REFERENCIA A MEDIOS DE TRANSPORTE SUBIR, BAJAR.

GET IN / GET OUT
My parents **GOT IN** the **CAR** and drove away.
MIS PADRES ESTRARON EN EL COCHE Y SE ALEJARON.
Two hours later, they **GOT OUT OF** the **TAXI** at the Airport.
DOS HORAS DESPUÉS, SE BAJARON DEL TAXI EN EL AEROPUERTO.

GET ON / GET OFF
We GOT **ON THE BUS** at the Airport and **GOT OFF** outside the Hotel.
NOS SUBIMOS AL AUTOBÚS EN EL AEROPUERTO, Y NOS BAJAMOS EN EL HOTEL.

BUS, TRAIN, PLANE, ...

VINCIS. CENTRO DE ESTUDIOS

GET + ADJETIVO

CUANDO QUEREMOS SIGNIFICAR UN CAMBIO DE ESTADO O SITUACIÓN

VERBOS REFLEXIVOS

- My parents are **GETTING OLD** and need looking after.
  MIS PADRES SE ESTÁN HACIEDO MAYORES y NECESITAN CUIDADOS.

- My friends are **GETTING TIRED** of all this nonsense.
  MIS AMIGOS SE ESTÁN CANSANDO DE TODO ESTE SINSENTIDO.

- It **GETS DARK** very early in the winter.
  OSCURECE MUY TEMPRANO EN EL INVIERNO.

- By the time we got the beach, we were **GETTING THURSTY**.
  PARA CUANDO LLEGAMOS A LA PLAYA, NOS ESTABA ENTRANDO SED.

TO GET — DRUNK, COLD, WET, DRESSED, LATE, BETTER, WORSE, HURT, READY, MARRIED, LOST, HUNGRY, ANGRY, ETC.

UNIT 43 — EL VERBO «TO DO» VS «TO MAKE»

ES MUY RECOMENDABLE CONOCER LOS DISTINTOS USOS DEL VERBO **«TO DO»**

COMO **VERBO AUXILIAR**, YA LO VIMOS EN:
LA UNIT. 2. EL PRESENTE SIMPLE.
COMO VERBO PRINCIPAL, TIENE SIGNIFICADO DE «HACER ALGO», EN UN SENTIDO GENÉRICO.

PARA HABLAR DE ACTIVIDADES EN GENERAL

- **DO** you know how to **DO** your homework?
  ¿SABES COMO HACER TUS TRABAJOS?
- I **DID** what you asked me.
  HICE LO QUE ME PEDISTES.
- What **DID** your parents **DO** on vacation?
  ¿Qué HICIERON TUS PADRES DE VACACIONES?.

¿A QUÉ TE DEDICAS? PROFESIÓN

WHAT DO YOU DO?

- **WHAT DOES** your mother **DO**? "She is a doctor"
  ¿A QUÉ SE DEDICA TU MADRE?. "ES DOCTORA".

EXPRESIONES CON EL VERBO «TO DO»

AN EXAM	UN EXÁMEN.
A COURSE	UN CURSO.
AN EXERCISE	UN EJERCICIO..
TO DO A FAVOUR	A ALGUIÉN UN FAVOR.
HOUSEWORK	LABORES DE HOGAR.
A TEST	UN CUESTIONARIO

HOUSEWORKS_ LABORES DE HOGAR

THE SHOPPING	LA COMPRA.
THE IRONING	LA PLANCHA.
THE WASHING	LA COLADA.
THE COOKING	COCINAR.
THE WASHING UP	LAVAR LA VAJILLA

VINCIS. CENTRO DE ESTUDIOS

43.2 EL VERBO «TO MAKE»

TIENE SIGNIFICADO DE «HACER ALGO», PERO REQUIRIENDO UN **ESFUERZO** PERSONAL

PARA HABLAR DE ACTIVIDADES EN GENERAL

- I **MADE** a cake for your birthday.
  HICE UNA PASTEL PARA TU CUMPLEAÑOS.

- These shoes were **MADE** in Spain.
  ESTOS ZAPATOS SE FABRICARON EN ESPAÑA.

- Don´t worry, I´ll **MAKE** her a phone call.
  NO TE PREOCUPES, LE HARÉ UNA LLAMADA DE TELÉFONO.

A MISTAKE	UN ERROR.
A BED	LA CAMA.
A LIST	UNA LISTA.
A NOISE	UN RUIDO.
AN APPOITMENT	UNA CITA.

- **MAKE** A FILM.
  HACER UNA PELÍCULA.

- **TAKE** A PHOTOGRAPH.
  TOMAR UNA FOTOGRAFÍA

DETRÁ DEL VERBO «TO MAKE» SE USA EL INFINITIVO SIN TO.

- She **MAKES** me **laugh**, she is amazing.
  ME HIZO REIR, ES ENCANTADORA.

- My Teacher **MADE** us **work** very hard.
  MI PROFESOR NOS HIZO TRABAJAR MUY DURO.

UNIT 44 — EL VERBO «TO HAVE» VS «TO HAVE GOT»

ES **UNO DE LOS TRES VERBOS AUXILIARES** QUE SE USAN EN LA LENGUA INGLESA; TAL Y COMO HEMOS PODIDO COMPROBAR A LO LARGO DEL TEMARIO.

LA AFIRMATIVA

PODEMOS UTILIZAR EL VERBO **«TO HAVE»**

OPCIÓN A) COMO VERBO **PRINCIPAL**
OPCIÓN B) COMO VERBO **AUXILIAR**,

HAVE OR HAVE GOT

A) I **HAVE** a headache, **DON´T I?**
TENGO UN DOLOR DE CABEZA

B) I **HAVE GOT** a headache, **HAVEN´T I?**

HAVE GOT. EN ESTE CASO EL VERBO "TO GET" ES EL PRINCIPAL

COMO VIMOS CON ANTERIORIDAD, ESTA DISTINCIÓN RESULTA FUNDAMENTAL EN LA CONSTRUCCIÓN DE SUS RESPECTIVAS **QUESTION TAGS.**

LA NEGATIVA E INTERROGATIVA

PARA LA CONSTRUCIÓN DE LA NEGATIVA E INTERROGATIVA DISPONEMOS DE DOS OPCIONES.

OPCIÓN A) USO DE LOS AUXILIARES **DO, DOES OR DID**, y LA PARTÍCULA **NOT**.
OPCIÓN B) USO DE **HAVE** COMO VERBO AUXILIAR.

DON´T HAVE / HAVEN´T GOT

A) I DON´T **HAVE** sense of humor.
NO TENGO SENTIDO DEL HUMOR.

B) I **HAVEN´T GOT** sense of humor.

DO YOU HAVE? / HAVE YOU GOT?

A) **DO YOU** really **HAVE** an apartment on the beach?
¿TIENES REALMENTE UN APARTAMENTO EN LA PLAYA?

B) **HAVE YOU** really **GOT** an apartment on the beach?

TO HAVE SOMETHING

EXPRESIÓN EQUIVALENTE A TOMAR ALIMENTOS, BEBIDAS, ETC.

TO HAVE
- BREAKFAST DESAYUNO/ LUNCH ALMUERZO/ DINNER CENA.
- A SANDWICH / A PIZZA/ A BISCUIT.
- SOMETHING TO DRINK OR TO EAT.
- A COFFEE/ A TEA/ WATER.

TO HAVE A + SUSTANTIVO

EXPRESIÓN EQUIVALENTE A DAR, TOMAR, ETC.

TO HAVE
- A PARTY FIESTA/A WALK UN PASEO
- A LOOK (AT)/ UN VISTAZO.

- A HOLIDAY VACACIONES/ A DREAM UN SUEÑO/ AN ACCIDENT.
- A BABY UN BEBÉ..

- A BATH BAÑO/ A SHOWER DUCHA/
- A REST DESCANSO/ A SWIM NADAR/ A NICE DAY UN BUEN DÍA
- A GOOD TIME UN BUEN RATO..

UNIT 45 — PHRASAL VERBS

UN PHRASAL VERB NO ES MÁS QUE UN VERBO COMPUESTO EN INGLÉS, AL QUE AÑADIMOS AL MENOS UNA PREPOSICIÓN O UN ADVERBIO, Y QUE **SUPONE UN CAMBIO DE SIGNIFICADO.**

PHRASAL VERBS

A CONTINUACIÓN, Y A MODO DE EJEMPLOS PODEMOS OBSERVAR ALGUNOS EJEMPLOS DE **PHRASAL VERBS.**

«TO BE»

- When we arrived the wedding **WAS ABOUT** to begin.
  CUANDO LLEGAMOS A LA BODA ESTABA A PUNTO DE COMENZAR.

- We **ARE OUT** of milk.
  NOS HEMOS QUEDADO SIN LECHE.

- In a week, the works will **BE OVER**.
  EN UNA SEMANA, LOS TRABAJOS HABRÁN FINALIZADO, TERMINADO.

«TO LOOK»

- It's hardwork **LOOKING AFTER** the herd of dogs.
  ES UN DURO TRABAJO CUIDAR DE UNA MANADA DE PERROS.

- I'm **LOOKING FOR** my son; Have you seen him?
  ESTOY BUSCANDO MI HIO; ¿LO HAS VISTO?.

- She´s **LOOKING FORWARD** to her holiday.
  ESTÁ ESPERANDO SUS VACACIONES.

«TO GET»

- Incredibly, he **GOT INTO** the car without saying a word, and **DROVE OFF**.
  INCREIBLEMENTE, SE SUBIÓ EN EL COCHE SIN DECIR UNA PALABRA Y SE MARCHÓ.

- My knowledge of sailing is limited, but it is enough to **GET BY**.
  MIS CONOCIMIENTOS DE NAVEGAR SON LIMITADOS, PERO SUFICIENTES PARA APAÑARMELAS.

«TO WALK»

- As quickly as he came, he **WALKED OUT**.
  TÁN RÁPIDO COMO VINO, SE MARCHÓ.

«ANEXO I» LISTADO DE VERBOS IRREGULARES

BE	WAS/WERE	BEEN	SER, ESTAR
BECOME	BECAME	BECOME	LLEGAR A SER; CONVERTIRSE EMPEZAR
BEGIN	BEGAN	BEGUN	
BREAK	BROKE	BROKEN	ROMPER
BRING	BROUGHT	BROUGHT	TRAER; LLEVAR
BUILD	BUILT	BUILT	CONSTRUIR
BUY	BOUGHT	BOUGHT	COMPRAR
CHOOSE	CHOSE	CHOSEN	ELEGIR
COME	CAME	COME	VENIR
COST	COST	COST	COSTAR
CUT	CUT	CUT	CORTAR
DO	DID	DONE	HACER
DRAW	DREW	DRAWN	DIBUJAR
DREAM	DREAMT/DREAMED	DREAMT/DREAMED	SOÑAR
DRINK	DRANK	DRUNK	BEBER
DRIVE	DROVE	DRIVEN	CONDUCIR

EAT	ATE	EATEN	COMER
FALL	FELL	FALLEN	CAER
FEED	FED	FED	ALIMENTAR
FEEL	FELT	FELT	SENTIR
FIGHT	FOUGHT	FOUGHT	LUCHAR
FIND	FOUND	FOUND	ENCONTRAR
FLY	FLEW	FLOWN	VOLAR
FORBID	FORBADE	FORBIDDEN	PROHIBIR
FORGET	FORGOT	FORGOTTEN	OLVIDAR
FREEZE	FROZE	FROZEN	CONGELAR(SE)
GET	GOT	GOT	OBTENER
GIVE	GAVE	GIVEN	DAR
GO	WENT	GONE	IR
GROW	GREW	GROWN	CRECER; CULTIVA
HAVE	HAD	HAD	TENER
HEAR	HEARD	HEARD	OIR
HIT	HIT	HIT	GOLPEAR

VINCIS. CENTRO DE ESTUDIOS

HIT	HIT	HIT	GOLPEAR
HOLD	HELD	HELD	SOSTENER, COGER
KEEP	KEPT	KEPT	GUARDAR; QUEDARSE
KNOW	KNEW	KNOWN	SABER, CONOCER
LEARN	LEARNT/LEARNED	LEARNT/LEARNED	APRENDER
LEAVE	LEFT	LEFT	DEJAR; SALIR
LET	LET	LET	DEJAR, PERMITIR

LIE	LAY	LAIN	ESTAR TUMBADO
LOSE	LOST	LOST	PERDER
MAKE	MADE	MADE	HACER, FABRICAR
MEAN	MEANT	MEANT	SIGNIFICAR
MEET	MET	MET	ENCONTRARSE; CONOCER
PAY	PAID	PAID	PAGAR
RIDE	RODE	RIDDEN	MONTAR, CABALGAR
RING	RANG	RUNG	SONAR/TOCAR TIMBRE/TELÉFONO
RUN	RAN	RUN	CORRER
SAW	SAWED	SAWN/SAWED	SERRAR
SAY	SAID	SAID	DECIR
SEE	SAW	SEEN	VER
SELL	SOLD	SOLD	VENDER
SEND	SENT	SENT	ENVIAR
SET	SET	SET	PONER
SHINE	SHONE	SHONE	BRILLAR
SHOOT	SHOT	SHOT	DISPARAR; FILMAR
SHOW	SHOWED	SHOWN	MOSTRAR
SIT	SAT	SAT	SENTARSE
SLEEP	SLEPT	SLEPT	DORMIR

SPEAK	SPOKE	SPOKEN		HABLAR
SPEND	SPENT	SPENT		GASTAR; PASAR TIEMPO
STAND	STOOD	STOOD		ESTAR DE PIE
STEAL	STOLE	STOLEN		ROBAR

SWIM	SWAM	SWUM		NADAR
TAKE	TOOK	TAKEN		COGER
TEACH	TAUGHT	TAUGHT		ENSEÑAR
TELL	TOLD	TOLD		DECIR
THINK	THOUGHT	THOUGHT		PENSAR
THROW	THREW	THROWN		LANZAR
UNDERSTAND	UNDERSTOOD	UNDERSTOOD		COMPRENDER
WAKE	WOKE	WOKEN		DESPERTAR(SE)
WEAR	WORE	WORN		LLEVAR PUESTO

WIN	WON	WON		GANAR
WRITE	WROTE	WRITTEN		ESCRIBIR

ANEXO II

CUESTIONARIOS
WWW.VINCIS.ONLINE

VINCIS.CENTRO DE ESTUDIOS

ENGLISH. S_TESTS

1. _____ the coat?
A. Where Stephanie bought
B. Where did Stephanie bought
C. Where did Stephanie buy
D. Where Stephanie buyed

2. My son was doing laundry, while he _____ to country music.
A. was listened
B. was listening
C. is listening
D. has listening

3. These suitcases are too big for me! Don´t worry, _____
A. I carry them for you.
B. I will carry them for you.
C. I will carried them for you.
D. I will be carried them for you.

4. Kate and Ryan_____ for half an hour.
A. has been arguing
B. have been arguing
C. have arguing
D. has argued

5. Tom hasn't met her _____ ages
A. during
B. since
C. for
D. still

6. _____ it in the past, but now I do
A. I didn't using to
B. I didn't used to
C. I didn't use to
D. I don´t usually to

7. _____ approximately 2,000 or 3,000 people waiting to get the tickets.
A. There were
B. There has been
C. There was
D. There will being

8. Most patients_____ continue treatment at home.
A. was able to
B. could able to
C. were able
D. don´t need to

9. It´s raining, I can´t go out tonight.
A. Either can Helen
B. Neither can Helen
C. I can either
D. Neither Helen can

10. More important matters_____.
A. must be discussed
B. should been discussed
C. could be discussing
D. have to be discuss

11. Where is the transport agency? It's ____ the fifth floor, ____ the real state.
A. in / opposite of
B. on / opposite to
C. at / behind of
D. on / next to

12. _____ no one in the vet´s office, it´s closed.
A. There's
B. It´s
C. There have
D. There were

13. Rolling Stones is a very popular band. _____ it.
A. Everything know
B. Everyone knows
C. Someone know
D. Anyone knew

14. Frank has never known anything else
A. does he?
B. hasn´t he?
C. has he?
D. isn´t he?

15. Rewrite this sentence in reported speech: "I broke my Knee last week" Robert said
A. he had broke his knee last week.
B. he have broken his knee the week before.
C. he had broken his knee the week before.
D. I had broken his knee the week after.

16. The boys enjoyed_____ visit to the nature reserve
A. themselves
B. them
C. theirself
D. their

17. That's the farm _____ I grew up
A. who
B. whose
C. where
D. whom

18. I would like_____ on how to pay the fine.
A. informations
B. some information
C. an information
D. some informations

19. If she ___biology, her parents would have sent her to Hawaii.
A. had passed
B. passing
C. have passed
D. has passed

20. I will not leave the house, _____ the delivery man comes
A. despite of
B. because to
C. in case
D. in case though

VINCIS. CENTRO DE ESTUDIOS — ENGLISH. S_TESTS

1 _____ to my birthday party?
A. Why she came
B. Why did she came
C. Why did she come
D. Why does she coming

2 _____ a ferry to go to work.
A. Abby often takes
B. Abby takes often
C. Abby oftens take
D. Abby tooks often

3 My puppy_____ five years old next week.
A. is going to being
B. will be
C. will been
D. will being

4 Clarice_____ in the jungle, _____ she was eight.
A. has lived/ since
B. has lived/ for
C. has being lived/ since
D. has living/ for

5 _____ I would adopt them all
A. How cute puppiesi
B. What cute are the puppiesi
C. How a cute puppiesi
D. What cute puppiesi

6 Hurry up please, the interview_____.
A. have already started
B. had just start
C. has just started
D. has just starting

7 _____ awake all day when you were studying to be a doctor?
A. Can you stay
B. Could you staying
C. Were you able to stay
D. Have you to stay

8 _____ a certain desire in meeting After_____ years
A. There are/ too many
B. There is/ so much
C. There were/ too much
D. There is/ so many

9 Don't go so_____, we have plenty of time to get to the station.
A. fastly
B. fast
C. faster
D. fastest

10 Rewrite this sentence in reported speech: Felicity told me "I will cancel the wedding tomorrow"
A. she would cancel the wedding the previous day.
B. she would have cancel the wedding the next day.
C. she had cancel the wedding the day before.
D. she would cancel the wedding today.

11 My uncle didn't get it _____ his poor state of health
A. although to
B. in spite
C. because of
D. due of

12 Amelie has found the meaning of life, _____
A. didn't she?
B. isn't she?
C. doesn't she?
D. hasn't she?

13 To this day, _____ town in Andalusia is Ecija.
A. the hotter
B. the hottest
C. Hotter and hotter
D. the most hot

14 Where is it? It's_____ the sports Centre; _____ the church and the Chinese restaurant.
A. in front / near of
B. opposite / between
C. in front of / beside of
D. opposite / near to

15 What_____ time on, when you were a kid?
A. are you used to spend
B. do you usually to spend
C. did you use to spend
D. did you used to spending

16 She's got_____ for helpless animals
A. many love
B. some love
C. a lot love
D. any love

17 ____ have been mine, _____ theirs.
A. These / those are
B. This / that were
C. That / these are
D. These / those is

18 Frank fell off his horse, but unbelievably he didn't hurt_____.
A. himselve
B. himself
C. hiself
D. himselves

19 The Japanese restaurant_____ opens tonight, belongs to a friend of mine.
A. where
B. who
C. which
D. whose

20 What would you do _____ from your job?
A. if you will be fired
B. if you were firing
C. if you would be fired
D. if you were fired

VINCIS. CENTRO DE ESTUDIOS — ENGLISH. S_TESTS

1. Everybody _____ basketball when the fight _____.
   A. was playing / was started
   B. was playing / started
   C. play / was started
   D. were playing / started

2. What time _____ school?
   A. does the baby leave
   B. do the baby leaves
   C. does the baby left
   D. the baby leaves

3. It's raining cats and dogs, I_____ an umbrella
   A. I going to take
   B. I'm going take
   C. I will taking
   D. I will take

4. I _____ a pack a day when I was single
   A. use to smoked
   B. used to smoking
   C. used to smoke
   D. usually to smoke

5. Be careful, don't fight with _____
   A. yourselfs
   B. each other
   C. yourselves
   D. youself

6. My son goes out enough to meet interesting people, _____?
   A. won´t he?
   B. didn't he?
   C. goes he?
   D. doesn't he?

7. I'm not sure of her plans, She_____ the firm this month.
   A. might leave
   B. mights leave
   C. may leaves
   D. is able leave

8. Rewrite this sentence in reported speech:
   I've been in love with you forever
   She told me that_____ forever
   A. she has been in love with me
   B. she had been in love with you
   C. she had been in love with me
   D. she is being in love with me

9. The package is_____ the bed, _____ the plastic box
   A. under / beside
   B. under of / beside
   C. on / by to
   D. under / beside of

10. There_____ a feeling of calm in the air at all times.
    A. There has being
    B. There have be
    C. There has been
    D. There has be

11. When we showed up, the performance_____
    A. had just begun
    B. had began yet
    C. haved already begun
    D. had just began.

12. We shouldn't be afraid of it. Scuba diving is_____ having a drink
    A. as safe than
    B. more safer that
    C. safer than
    D. safest than

13. _____ a premonition?
    A. Have you ever have
    B. Have you
    C. Do you have got
    D. Have you ever had

14. She plays tennis_____, moves on the tennis court _____
    A. perfectedly / better
    B. perfectly / very well
    C. perfect / very good
    D. perfectedly / very good

15. Michael _____ at the institute _____ its opening
    A. have worked / since
    B. has worked / from ago
    C. haves work / for
    D. has worked / since

16. The play was so much fun, that I couldn't _____.
    A. stop to laughing
    B. stopped laughing
    C. stop laughing
    D. stopped laugh

17. When he was_____ he _____ on the highway.
    A. kidnapping/ was hitchhiking
    B. kidnap/ was hitchhike
    C. kidnapped/ was hitchhiking
    D. kidnapped/ has hitchhiking

18. This is the person_____ identity has been impersonated
    A. which
    B. where
    C. whose
    D. who

19. We couldn't make it on time _____ a mistake.
    A. because
    B. due to
    C. owing
    D. due a

20. Oliver _____ it if he _____ what you've invested his money in
    A. will regret / will suspect
    B. would regret / suspected
    C. would regretted / suspected
    D. would regret / would suspected

VINCIS. CENTRO DE ESTUDIOS — **ENGLISH. S_TESTS**

1 My girlfriend _____ in Lanzarote but in Fuerteventura.
A. doesn't live
B. don't life
C. don't live
D. don't lives

2 ____ are mine, _____ Alberto's.
A. These / those are
B. This / that are
C. That / those are
D. These / those is

3 My sister-in-law brought the baked turkey, _____?
A. did he
B. doesn't she
C. does she
D. didn't she

4 If we _____ in the same city, we ____ more often.
A. live / could met
B. lived / would meet
C. had live / would have meet
D. life / will meet

5 My college classmates are very correct; I like ____ a lot.
A. he
B. him
C. them
D. their

6 The senior center_____
A. was builded many years ago.
B. was built many years ago.
C. has been build many years ago.
D. have been built many years ago.

7 The jihadist was interrogated _____.
A. on morning Friday
B. on Friday morning
C. in Friday in the morning
D. in morning Friday

8 The plane was_____ while _____ through security
A. departed / we passing
B. was depart / we passed
C. departed / we were passing
D. depart. / we was passing

9 We have _____ to do _____ things.
A. a few time / a lot
B. little time / a lot of
C. a little of time / a lot
D. few time / lots of

10 My girlfriend is_____ lab technician and her parents are both ____pediatricians.
A. an / --
B. an / a
C. a / a
D. a / --

11 I agree; _____ no error in the manufacture of the prototype.
A. There been
B. There has been
C. There have been
D. There have being

12 This is the_____ language test _____.
A. the most tough / I've ever done
B. the toughest / I've ever done
C. the tougher / I've ever did
D. the toughest / I've never do

13 I truly think your father _____ Pilates classes.
A. ought attend
B. should to attend
C. should attend
D. should attended

14 What _____ to them yesterday? - They were _____.
A. happen / about to be run over
B. did happen / about to be run over
C. was happen / about to being run over
D. happened / about to be run over

15 He_____ the reception if he _____ what would happen.
A. wouldn't have left / had known
B. wouldn't have left / had knowing
C. wouldn't left / had know
D. hadn't left / would have known

16 Fernando Alonso_____ after this unexpecting triumph.
A. must to be exhausted
B. musts be exhausted
C. must be exhausted
D. must being exhausted

17 The silk shirt ____ your mother wore at the last meeting was made in Thailand.
A. which
B. who
C. where
D. whose

18 How long _____ in Caceres? _____ I was offered a job as a high school director.
A. have you worked / For
B. have you work / Since
C. have you worked / Since
D. did you worked / Since

19 Their notary is ____ third floor, ____ the rehabilitation clinic.
A. in the / behind of
B. on the / behind
C. on / behind of
D. at / in front

20 Vincent asked me: "Did you find the key to the safe yesterday?"
Turn into reported speech: Vince asked me…
A. where I had find the keys the day before.
B. if had I found the keys the following day.
C. if I have find the keys the previous day.
D. if I had found the keys the day before.

VINCIS. CENTRO DE ESTUDIOS **ENGLISH. S_TESTS**

1. What_____ in the principal's office when we_____ yesterday?
   A. were you doing/ met
   B. you were doing/ met
   C. were doing/ meet
   D. were you doing/ meting

2. I_____ out much when I lived on the farm.
   A. didn't used to going
   B. don't use to go
   C. didn't use to go
   D. not used to go

3. _____roller coaster is incredible, but_____ others are terrifying.
   A. That / that
   B. This / those
   C. This / that
   D. These / those

4. My best friends_____ a new business project
   A. are started
   B. will be going to start
   C. are going to starting
   D. are going to start

5. I have fixed the vacuum cleaner_____ you were thinking of throwing away
   A. what
   B. whose
   C. - - - -
   D. where

6. _____ plenty of memories in the basement?
   A. Could there being
   B. Could there be
   C. Could there been
   D. Could there to be

7. There_____ obstacles to starting a business.
   A. have always been too many
   B. always have been too much
   C. have always being so many
   D. were always been so much

8. I'm making the recipe I saw on the "This Kitchen Is Hell" show, now. Fred told me _____ the recipe he saw on the "This Kitchen Is Hell" show_____.
   A. he has made/ at this moment.
   B. he was made/ then.
   C. he was making/ then.
   D. he made/ at that moment.

9. Who_____ in such an unprofessional manner?
   A. did act
   B. acting
   C. was acted
   D. acted

10. From this point where we are, _____ the Fiji Islands
    A. the further place is
    B. the furthest place is
    C. the more far place is
    D. the farer place is

11. You_____ paying the mortgage
    A. haven't still finished
    B. still haven't finishing
    C. still haven't finished
    D. are still finished

12. The boys _____ back home, they_____ on their way to school.
    A. didn't disappear / got lose
    B. didn't disappeared/ get lost
    C. didn't disappear / got lost
    D. don't disappeared/ got lost

13. _____doubt, consult the tutor on duty
    A. Due for
    B. Among
    C. Owing for
    D. In case of

14. It's_____, not _____.
    A. theirs / ours
    B. her / ours
    C. hers / us
    D. them / ours

15. your niece had to take some initiative, _____?
    A. hadn´t she?
    B. didn´t she?
    C. don´t she?
    D. hasn´t he?

16. I have a job interview_____
    A. in Thursday morning
    B. on Thursday in the morning
    C. on Thursday morning
    D. in the Thursday morning

17. Let me tell you_____, get_____ therapist.
    A. something/ a
    B. anything/ a
    C. some/ an
    D. something/ - - -

18. Sophia_____ a good choice, if she_____ English
    A. would had been/ knew
    B. would have being/ known
    C. would have been/ knew
    D. will has been/ knew

19. Who_____ the taxi with to go to the airport?
    A. you shared
    B. did you sharing
    C. did you share
    D. does you share

20. There's a fly_____ the bedroom ceiling, _____the shelf
    A. in/ opposite of
    B. on/ above
    C. on / between
    D. above of / on

VINCIS.CENTRO DE ESTUDIOS — ENGLISH. S_TESTS

VINCIS_S1			
1	C	11	D
2	B	12	A
3	B	13	B
4	B	14	C
5	C	15	C
6	C	16	D
7	A	17	C
8	D	18	B
9	B	19	A
10	A	20	C

VINCIS_S2			
1	C	11	C
2	A	12	D
3	B	13	B
4	A	14	B
5	D	15	C
6	C	16	B
7	C	17	A
8	D	18	B
9	B	19	C
10	D	20	D

VINCIS_S3			
1	B	11	A
2	A	12	C
3	D	13	D
4	C	14	B
5	B	15	D
6	D	16	C
7	A	17	C
8	C	18	C
9	A	19	B
10	C	20	B

VINCIS_S4			
1	A	11	B
2	A	12	B
3	D	13	C
4	B	14	D
5	C	15	A
6	B	16	C
7	B	17	A
8	C	18	C
9	B	19	B
10	D	20	D

VINCIS_S5			
1	A	11	C
2	C	12	C
3	B	13	D
4	D	14	A
5	C	15	B
6	B	16	C
7	A	17	A
8	C	18	C
9	D	19	C
10	B	20	B

Printed in Great Britain
by Amazon